JN059385

教科書ガイド

三省堂版

精選 現代の国語

TEXT BOOK GUIDE

文研出版

はしがき

本書は、三省堂発行の教科書「精選　現代の国語」に準拠した教科書解説書として編集されたものです。教科書内容がスムーズに理解できるよう工夫されています。予習や復習、試験前の学習にお役立てください。

本書の特色

《各教材》

●冒頭・教材解説
それぞれ、各教材の冒頭に、教材のねらいや要旨(主題)、段落構成などを解説しています。まず段落ごとの大意をまとめ、その後、重要語句や文脈上おさえておきたい箇所の意味を解説しています。教科書下段の脚問については、解答(例)を示しています。

●課題
「課題A」では、課題に対する考え方、解答(例)を示しています。
「課題B」では、その活動に対する考え方や取り組み方を示しています。
「語句」では、課題に対する解答(例)を示しています。
教科書の「漢字」に対する問題として、「漢字を書いて確認しよう」を設けました。

《学びを広げる》

●教材解説
提示された活動や課題についての取り組み方や考え方を中心に説明しています。

目次

一　知らないものに出会う

ぐうぜん、うたがう、読書のススメ

川《かわ》上《かみ》未《み》映《え》子《こ》

教科書P.10〜17

教材のねらい

・筆者にとっての「読書の原体験」を捉え、整理する。
・「書物たち」との出会いが「一回性」のものであるという意味を考える。
・筆者の考えに基づいて、新しい発見をした自分の体験を発表する。

主　題

本を一冊手に取る場面には、偶然に支えられた「一回性」の出会いがあり、それは自分の予想外の世界に足を踏み入れることを可能にする。この一回性に身をゆだねて新しい世界を知り、既にある価値観を自分自身で確かめてほしいという思いを述べる。

段　落

一行アキで二つの段落に分かれている。

一　教 p.10・1〜p.12・2　本質的に贅沢《ぜいたく》だった読書の原体験
二　教 p.12・3〜p.15・13　一回性にゆだねられた人生と読書

段落ごとの大意と語句の解説

第一段落　教10ページ1行〜12ページ2行

本のほとんどない家で育った筆者にとって、国語の教科書の文章を読むことが唯一の読書の原体験といえるものだった。大人になると、好みや必要性に合った本を読むことになり、さまざまな種類の本を読むという経験をするのは難しくなる。その意味で、幼少の頃の読書体験は本質的に贅沢なものだった。

教10ページ

3 **家族《かぞく》の一人《ひとり》**　筆者のこと。
5 **住人《じゅうにん》さながらに**　住人そっくりに。
＊「さながら」＝（名詞に付いて）…そのもの。…そっくり。

教11ページ

1 **先天的《せんてんてき》**　生まれながらにして備わっている様子。
3 **唯一《ゆいいつ》**　それ一つだけであること。「ゆいつ」とも読む。
3 ＊**原体験《げんたいけん》**　人の考えを形作る上で大きな影響を与える強烈な体験。
14 ＊**啓発《けいはつ》**　知らなかったことに気づかせ、知識や考えを豊かにすること。

15 **現世利益《げんせりやく》** 神仏を信じることによってこの世で得られる恵みや幸福。ここでは、すぐに得られる利益《りえき》、の意で用いられている。

16 **なめるように読《よ》む** もらすことなく、隅々まで読む。隅々まで味わい尽くす。

教12ページ

① **「あの読書体験」が「贅沢なもの」といえるのはなぜか。**

答 さまざまな種類の、好きだなと思えるものやそうでないものに、いやでも出会って読んでしまうという経験ができたから。

第二段落 教12ページ3行〜15ページ13行

人生の局面を左右するできごとや決心の多くは、自分の想像を超えたところからやってくる。本を一冊手に取る場面にも、書物と自分とのかけがえのない「一回性」の出会いがあり、それは自分の予想外の世界に足を踏み入れることを可能にする。読書をするなかで、読書の価値を自分自身で確かめてほしい。

3 **局面《きょくめん》** 当面している物事の情勢。物事の成り行き。

10 **＊肝心《かんじん》** とりわけ大切であること。

「肝腎」とも書く。

14 **価値観《かちかん》** 物事にどういう価値を認めるかについての、それぞれの人の考え方。

教13ページ

1 **すでに作《つく》られた枠《わく》** ここでは、自分自身の思い込み、自分自身の偏見、という意。

1 **はらんでいる** 含んでいる。

「はらむ」＝ここでは、内部に含みもつ、含む、の意。

7 **＊かけがえのない** かわりになるものがなく、大切な。

7 **一回性《いっかいせい》** 一回しかないという性質。

10 **あたりまえのこと** ここでは、古典や名作といわれていても、それは結局他人の評価であって、自分の評価ではない。自分がどう評価するかは、読んでみなければわからないということ。

10 **洗礼《せんれい》** ここでは、避けて通れない試練、の意。

12 **本《ほん》を読《よ》むには本《ほん》を読《よ》むしかない** 本のもつ本当の価値は、自分で読んで確かめるしかない、ということ。

15 **＊束《つか》の間《ま》** ごく短い時間。ちょっとの間。

教14ページ

6 **却下《きゃっか》** しりぞけること。

8 **自分《じぶん》の選択《せんたく》の連鎖《れんさ》や感染《かんせん》では** 自分が選んだ本とのつながりや、影響を受けたことでは。

「連鎖」＝ここでは、つながり、関連、の意。

「感染」＝ここでは、影響を受けてそれに染まること、感化されること、の意。

教15ページ

3 **いつか……届《とど》かなくなる日《ひ》** 「学生時代を終えて……すんでしまえる」(11ページ8〜11行)日、ということ。

6 **自明《じめい》** 改めて説明するまでもなく、明らかなこと。

7 **掛《か》け値《ね》なしに** おおげさではなく。誇張ではなく。

＊「掛け値」＝物事をおおげさに言うこと。誇張。

12 **偶然性《ぐうぜんせい》** 思いがけないことが起こる様子。

課題

課題A

1 **筆者にとって「読書の原体験」（11・3）とはどのようなものだったのだろうか。お互いに確認しながら整理してみよう。**

考え方　筆者の幼い頃の読書体験を、具体的に整理すればよい。

解答例　四月になると配られる教科書を何回も繰り返して読むというものであり、さまざまな種類の、好きと思えるものやそうでないものに、いやでも出会って読んでしまうという、本質的に贅沢な経験だった。

2 **「自分の人生の局面を左右するできごとや決心の多くは、……巻き込まれてしまうものです。」（12・5）とはどういうことだろうか。筆者の考えをまとめてみよう。**

考え方　次行の「例えば」以下に着目する。

解答例　人は、「影響を受けたい」と思ったものから影響を受けられるものではなく、「好きになろう」と思ったものを好きになれなかったり、「おいしいから」と人に勧められたものをおいしいと思えなかったりする。肝心なところはいつも、自分の意識ではどうにもならないことがほとんどであるということ。

3 **筆者の読書に対する考え方はどういうものだろうか。題名にある「ぐうぜん」、「うたがう」、「読書のすすめ」という語句を用いて、書いてみよう。**

考え方　指定された語句の意味を文脈から捉え、筆者の考えを読み取ってまとめる。

●「ぐうぜん」＝「一回性の偶然」（14ページ9行）、「数々の偶然性」（15ページ12行）といった部分の前後から、自分の選択によるものではない偶然の出会いによって、思いもよらないすばらしい体験が得られることがあるという筆者の考えが読み取れる。

●「うたがう」＝「案外、すでに作られた枠のなかの小さな動きでしかないという可能性」（12ページ15行〜13ページ1行）「自明であるかのように」（15ページ6行）といった部分の前後から、既成の枠のなかで、読む本や行動を選択している可能性について「うたがう」ことが、発見につながるという筆者の考えがわかる。

●「読書のすすめ」＝筆者は、本との偶然の出会いによる、自分の意識からの自由を味わうための「お勧めの方法」（13ページ16行）を提案し、また、「『読書は掛け値なしにすばらしいものである』という考え方をもまた、自分でぜひ、確かめてみてください」（15ページ7〜8行）と呼びかけている。

解答例　筆者は、読書を、本やその内容との「ぐうぜん」の出会いによって既成の自分の意識を「うたがう」きっかけをもたらすものであると考え、偶然性によるすばらしさを味わえる可能性をもつものとして「読書のすすめ」をしている。

課題B

1 **「数々の偶然性」（15・12）によって、新しい発見をした体験を発表し、話し合ってみよう。**

考え方　偶然起こることや予期しないことには、どんな例があるかを考える。また、「新しい発見」をした体験を思い出し、その原因や理由が偶然ではなかったかなどと考えてみるとよい。

2 **次のページのグラフを手がかりに、読書をすることの良いところを、話し合ってみよう。**

考え方 「読書をすることの良いところは何だと思うか」についての調査結果を表したグラフである。まず、最大値や最小値、年度による変化の大きいところや小さいところに注目して、グラフの内容を読み取る。話し合う際は、グラフから読み取ったことをふまえて、自分が思う「読書をすることの良いところ」について発言してみよう。

解答例 ※数値の変化に注目した発言の例

グラフを見ると、２００２年から２０１８年の間で、「感動を味わえること」は減少し続けていますが、「想像力や空想力を養うこと」は増加し続けています。

「感動を味わえること」が減少したのは、２００２年から２０１８年の間に娯楽が増え、「感動」を得られる場が分散したからではないかと考えられます。「想像力や空想力を養うこと」が増加したのは、想像して内容を味わうという読書の特徴を、意識的に「良さ」として捉える人が増えているということではないかと考えられます。

私は、人の気持ちを思いやる上で大切な「想像力」を養うことができるところに、読書の良さがあると思います。これは感動の場が多様になっても変わらないのではないでしょうか。

語句 **次の漢字を使った熟語を調べてみよう。**

勧　歓　観

解答例 「勧」…勧学・勧告・勧誘・勧善懲悪　など
「歓」…歓喜・歓迎・歓声・歓待・歓談　など
「観」…観光・観察・壮観・楽観・主観　など

▼漢字を書いて確認しよう　重要漢字

① 祖父はボンサイづくりが趣味だ。（　）
② 茶道部への入部をススめる。（　）
③ 私はキオク力に自信がある。（　）
④ 実験結果にヨる結論を発表する。（　）
⑤ 新しい論文が雑誌にノる。（　）
⑥ ユイイツ、その問題だけが解けなかった。（　）
⑦ 先生の言葉にケイハツされる。（　）
⑧ キャンプで雨にアうとは運が悪い。（　）
⑨ 僕はカンジンなことを忘れていた。（　）
⑩ ワクにはまった考え方を見直す。（　）
⑪ ツカの間の喜びを味わう。（　）
⑫ 僕の意見はキャッカされてしまった。（　）
⑬ 緊張がレンサ反応のように伝わった。（　）
⑭ ウイルスにカンセンする。（　）
⑮ 図書館でグウゼン友人と会う。（　）
⑯ 試合で実力をハッキする。（　）

答
①盆栽　②勧　③記憶　④拠　⑤載　⑥唯一　⑦啓発　⑧遭
⑨肝心（肝腎）　⑩枠　⑪束　⑫却下　⑬連鎖　⑭感染　⑮偶然
⑯発揮

塩一トンの読書

須《す》賀《が》敦《あつ》子《こ》

教科書P.18〜25

教材のねらい

・本を読むということの意味について、筆者の考えを読み取る。
・文章に用いられている表現の工夫について考える。

要旨

姑《しゅうとめ》が言った、一人の人を理解するのには「一トンの塩」を一緒になめる必要があるという言葉は、古典を読むという行為にも共通している。古典には、目には見えない無数のひだが隠されていて、読み返すたび、新しいひだが現れる。書物は「一トンの塩」をなめるように読むうちにかけがえのない友人となり、優れた本ほど、読むごとに新しい発見をもたらすものである。

段落

筆者の意見と挿話から、五つの段落に分ける。

一　教p.18・1〜p.19・8　姑の言葉
二　教p.19・9〜p.20・6　古典を読むということ
三　教p.20・7〜p.21・5　現代社会における読書
四　教p.21・6〜p.22・6　優れた本を読むということ
五　教p.22・7〜p.24・8　姑の読書

段落ごとの大意と語句の解説

第一段落　教18ページ1行〜19ページ8行

姑は、一人の人を理解するのは「一トンの塩」を一緒になめるということ、つまり、たくさん使うわけでもない塩を一トンもなめつくすのに長い時間がかかるように、なかなか理解しつくせないものだと言った。姑は、「塩を一緒になめる」という言葉を、「苦労を共にする」という意味でも使っていた。

教18ページ

3**これといった深《ふか》い……こんなことを言《い》った**　筆者が夫と知人のうわさ話をしたのは「深い考え」があってのことではなかった。姑の言葉に、「人間はなかなか理解しつくせないものだ」(18ページ10行〜19ページ1行)という意味があることから、姑は、知人のことをそのように気安く評価すべきではないと、二人を戒めたものと考えられる。

7**一《いっ》トンの塩《しお》を一緒《いっしょ》になめる**　姑がその姑から聞いた表現で、「うれしいことや、悲しいことを、いろいろと一緒に経験するという意味」「長いことつきあっても、人間はなかなか理解しつくせない」ということをたとえたもの。

教19ページ

3＊うわのそら　ここでは、心が浮ついて落ち着かないこと。

4 **釘《くぎ》を刺《さ》された**　姑に念を押されたと思ったのである。

＊「釘を刺す」＝念を押す。

5＊**折《おり》にふれ**　機会があるごとに。

5 **微妙《びみょう》にニュアンスをずらせて用《もち》いる**　姑が、「塩を一緒になめる」というたとえを、「苦労を共にする」という意味で「塩」を強調する、つまり、塩のイメージ＝苦労を共にするというニュアンスで用いたり、「一トンの」という塩の量をポイントにして用いたりしていたということ。

1　**「『一トンの』という塩の量が、たとえのポイントになったりした」とはどういうことか。**

答　塩はたくさん使うものではない。塩が「一トン」というのはたいへんな量であり、それをなめつくすには長い時間がかかるということを強調したということ。

第二段落　教19ページ9行～20ページ6行

読むたびに新鮮な驚きに出会い続けることから、本、特に古典とのつきあいは、人間どうしの関係に似ているかもしれない。古典には目に見えない無数のひだがあって、「一トンの塩」と同じで、理解したいと思い続ける人間にだけ開かれる。

13 **そういった本《ほん》**　同じ段落の冒頭にある「文学で古典といわれる作品」を指す。古典は「すみからすみまで理解しつくすことの難しさ」があると述べられている。

16 **目《め》に見《み》えない無数《むすう》のひだ**　直前の段落で、古典には「読むたびに、それまで気がつかなかった、新しい面」が隠されていることが述べられている。この新しい面が無数にあることを比喩を用いて表現している。

教20ページ

6 **そんな書物《しょもつ》**　すっかり知っているつもりになっていても、自分で読んでみると、予想を上回る作品。

第三段落　教20ページ7行～21ページ5行

現代社会に暮らす私たちは、本についての情報に接する機会に恵まれており、ある本「についての」知識を、「実際に読んだ」経験とすり替えている。また、作品の「筋」だけを知ろうとして、それが「どんなふうに」書かれているかを把握する手間を省くことが多いが、それでは読書から貧弱な楽しみしか味わえない。

2　**「についての」にかぎ括弧が付いているのはなぜか。**

答　ある本についての情報は豊富だが、実際に読んだわけではないことを示すため。

10 **「実際《じっさい》に読《よ》んだ」経験《けいけん》と……「それについての知識《ちしき》」をてっとりばやく入手《にゅうしゅ》する**　筆者が、本を読むということと、本についての知識を得るということを分けて考えていることが、かぎ括弧を用いることで表現されている。

12 **お茶《ちゃ》を濁《にご》しすぎている**　本についての「知識」を手に入れることだけで読んだ気になって満足している。

＊「お茶を濁す」＝いい加減にごまかす。

12 **抜粋《ばっすい》**　作品などから必要な箇所を抜き出すこと。抜き出したもの。

13**ないがしろにされた**　ここでは、軽んじられたということ。

第四段落　教21ページ6行〜22ページ6行

昔に読んだ本を読み返したとき、印象が違っていることがあり、書物はかけがえのない友人のように感じられる。優れた本ほど、読み手の変化に比例して新しい発見をもたらしてくれる。

教21ページ

11**かけがえのない**　別のものとは代えることができない。

13**読《よ》み手《て》の受容度《じゅようど》が高《たか》く、あるいは広《ひろ》くなった分《ぶん》だけ**　人生経験や読むための技術を積んだ読み手の、受け入れる感度が上がり、または受け入れられることが増えた分だけ。

教22ページ

③「素手で本に挑もうとする」とはどういうことか。

答　本を読むための技術を積むこともなく、本を読もうとすること。

1**古典《こてん》だからという理由《りゆう》だけのために**　『アエネイス』を特に考えることなく翻訳で読んだ理由。直前の「古典が新しい……からだろう」を受けて、筆者の体験を述べている。

第五段落　教22ページ7行〜24ページ8行

姑は、「素手」でしか本を読めない自分を切ながった。フォトロマンゾ(「写真小説」)や小説類が好きだった姑だが、スキャンダル雑誌は決して読まなかった。

10**自分《じぶん》を切《せつ》ながった**　姑が、本に書かれている内容を理解できないことによって、自分に対してやるせない気持ちを抱いているということ。

11**ろくに**　まともに。

11**それでも**　姑は、貧しい農家に生まれ、小学校にもまともに行けなかったとある。そのような境遇に対して、逆接を用いている。

13**かたっぱしから食《た》べてしまいそうな勢《いきお》いで**　空腹でがつがつと食べ物をたいらげるような勢いであることを表す。姑が本や新聞を夢中になって読んでいる様子を表現している。

教23ページ

2**安直《あんちょく》**　ここでは、簡単であること。

6**「本物《ほんもの》」の小説《しょうせつ》**　「フォトロマンゾ」が「ちゃんとした本屋」には売っていなかったことに対し、書店で売っているような本を指す。具体的にはエリオ・ヴィットリーニの作品など。「本物」にかぎ括弧が付いているのは、それが姑の考えであることを示している。

9**もてはやされた**　ここでは、人々によって話題にされていたという意味。

④「小説」にかぎ括弧が付いているのはなぜか。

答　書店で売っている、姑が言うところの「本物」の小説であることを示すため。

15**むさぼるように**　ここでは、果てしなく欲しがるさまを表す。

教24ページ

1**本当《ほんとう》のことかもしれないような話《はなし》**　スキャンダル雑誌に載っているような話を指している。

3**こんなふうにも……いい小説《しょうせつ》なんだよ**　「こんなふうにも読める

し……だから本は難しいのよね」(22ページ7〜8行)という姑の言葉をふまえたもの。姑は、「『こんなふう……読める』といって悩んでいた」(23ページ5行)ヴィットリーニらの作品について、「書くものは、……さっぱりわからない」(23ページ11行)と言っているところに対し、夫(姑にとっては息子)はヴィットリーニらの作品を「いい小説だ」と答えているのである。

7じっくり一緒《いっしょ》に一《いっ》トンの塩《しお》をなめる暇《ひま》もなく 長い時間を経ることなく、あるいは、長い時間、苦労を共にすることなく。姑も夫も筆者よりも先に亡くなったことがわかる。

課題

課題A

1 **「文学で古典といわれる作品を読んでいて、ふと、今でもこの塩の話を思い出すことがある」(19・9)とあるが、「姑」が語った「塩の話」と「古典」とは筆者の中でどのように結びついたのだろうか、説明してみよう。**

考え方 「塩を一緒になめる」とは、「うれしいことや……経験する」(18ページ7〜8行)ということであり、「気が遠くなるほど……理解しつくせないもの」(18ページ10行〜19ページ1行)ということを意味している。「古典」も「すみからすみまで……難しさ」(19ページ11行)があるので、この点で「人間どうしの関係に似ている」(19ページ12行)と筆者は考えている。

解答例 「塩を一緒になめる」とは、一人の人を理解するためには、さまざまなことを長い間一緒に経験する必要があるという意味であり、「古典」も、すみからすみまで理解しつくすことの難しさがあることから、人を理解するためのこの言葉と結びついたと考えられる。

2 **次の三つの比喩表現について、それぞれどのようなことをたとえているか、説明してみよう。**

(1) **「目に見えない無数のひだ」(19・16)**

考え方 「古典」について表現したもの。直前の段落に、「すみからすみまで……似ているかもしれない」、「読むたびに、それまで気がつかなかった、新しい面がそういった本には隠されてい」るとあることから考える。

解答例 古典に秘められている、読むたびに気づく新しい面。

(2) **「まるで薬でも飲むようにして」(22・2)**

考え方 直前にあるように、筆者が学生の頃に、『アエネイス』を「古典だからという理由だけ」のために、翻訳で読んだことを表現したもの。直後に「感動も何もなかった」とあることから考える。

解答例 自分のためになるということから、半ば義務的に読んだということ。

(3) **「一行をすっくと立ちあがらせている」(22・5)**

考え方 『アエネイス』をラテン語で読めるようになったとき、筆者に「感動」を与えた対象について表現したもの。「一行」を「立ちあがらせている」のは、直前にあるように「この詩人しか……修辞法」である。

解答例　用いられている言葉や修辞法によって、その詩の一行が作者独自のすばらしい表現となっていると感じられたこと。

課題B

1 「読書の楽しみとは、ほかでもない、この『どのように』を味わうことにあるのだから。」（21・4）とあるが、「どのように」を味わうとはどのようなことか。話し合ってみよう。

考え方　前後の部分に着目すると、筆者が、本についての豊富な知識を得るだけで読んだ気になったり、単に小説などの「筋」だけを知ろうとしたりするのではなく、作者が力を入れたところがどのように書かれているかを感じ取りながら読むことをこのように言っているのだとわかる。このことをふまえて話し合ってみよう。

語句　次の漢字を使った熟語を調べてみよう。

微　微

解答例　微熱・微小　特徴・微候

▼漢字を書いて確認しよう　重要漢字

① 母とイッショに買い物をする。（　）
② 意図がビミョウにずれて伝わる。（　）
③ 立ったヒョウシに椅子が倒れる。（　）
④ 戦争の写真を見てショウゲキを覚える。（　）
⑤ 文章の内容をハアクする。（　）
⑥ 十年来の友人が病でイく。（　）

答　①一緒　②微妙　③拍子　④衝撃　⑤把握　⑥逝

学びを広げる　〝この一冊〟を伝え合おう

教科書P.26〜27

教科書26・27ページにある手順によって、本の魅力や本への期待を伝え合う。

1　本を選ぶ

A　心に残っている本や繰り返し読んでいる本の中から、誰かに伝えたいと思う作品を選ぶ。

B　まだ読んだことのない本で、読んでみたいと思う作品を選ぶ。

2　伝えるための準備をする（メモ作り）

A　この本読んでみて！

①〜⑤の項目について箇条書きなどでまとめ、聴き手が読んでみたいと思うように、表現などの工夫をする。

B　この本読んでみたい！

①・②の項目について、「読んでみたい」と思う気持ちが伝わるような内容・表現になっているかを十分に吟味する。

3　〝この一冊〟を伝え合おう

発表する際の役割を決め、準備を行う。〈発表者〉としてはもちろん、〈聴き手〉としての注意点をおさえておく。

4　「〝この一冊〟を伝え合おう」を振り返る

〈発表者として〉また〈聴き手として〉活動を振り返る。この活動を通しての発見を書き出すなどする。

二 相手のことを考える

水の東西

山崎《やまざき》正和《まさかず》

教科書P.32〜37

●教材のねらい

・段落構成を明確にし、論理の展開を捉える。
・対比されている語句について、内容を整理し理解する。
・提示されている例は何を論証するためのものかを考え、筆者の意見を的確に捉える。

●要旨

「鹿《しし》おどし」を流れる水は、時間的な目に見えない水であり、「鹿おどし」は、日本人に流れてやまないものの存在を強調する仕掛けである。一方、西洋の水は空間的な目に見える水であり、噴水のように造型の対象となってきた。「行雲流水」という言葉があるように、日本人は一切を自然に任せるという思想をもっている。その思想は、形がなく自然に流れるものを好むという日本人独特の感性によって支えられているのである。

●段落

「…水と、…水。」という対句的表現に着目して四つに分ける。

一 教p.32・1〜p.33・9 時間を流れる水（「鹿おどし」）
二 教p.33・10〜p.35・4 空間に静止する水（「噴水」）
三 教p.35・5〜p.36・5 形なきものを恐れない心
四 教p.36・6〜9 日本人の感性

段落ごとの大意と語句の解説

第一段落 教32ページ1行〜33ページ9行

「鹿おどし」は、流れるものをせき止め、刻むことによって、かえって流れてやまないものの存在を感じさせる。ニューヨークの人々は忙しすぎて「鹿おどし」の単純で緩やかなリズムを聴くゆとりがなく、水の芸術としての噴水のほうが、人々をくつろがせていた。

教32ページ

1 ＊愛嬌《あいきょう》 好ましさやかわいらしさなどを、人に感じさせること。

4 緊張《きんちょう》が一気《いっき》にとけて 「鹿おどし」のシーソーがぐらりと傾いて、水受けにたまった水をこぼす様子を形容した表現。同ページ3行に、水がたまる様子を「緊張が高まり」と表現している。

5 **くぐもった**　ここでは、音が中にこもってよく聞こえない様子。

7 **何事《なにごと》も起《お》こらない徒労《とろう》**　緊張が高まり(「鹿おどし」の水受けに刻々と水がたまり)、何事かが起こるかもしれないという期待を抱かせるのだが、それが一気にほどけ(シーソーが傾いて水をこぼし)、結局は何事も起こらない。そのような期待外れな動きを「徒労」といっている。

*「徒労」＝骨を折ってしたことが無駄になること。

8 **静寂《せいじゃく》と時間《じかん》の……引《ひ》き立《た》てる**　「鹿おどし」の竹が石をたたく音が一定のリズムをもって時を刻み、その音と音の間に静寂と時間の長さが作り出されるということ。

「いやがうえにも」＝すでにそうである上にますます。

①　「それ」とは何を指すか。

答　流れるもの。

教33ページ

3 **素朴《そぼく》な竹《たけ》の響《ひび》き**　竹が石をたたいてたてる、「こおん」という優しい音の響き。「華やかな噴水」(33ページ6行)と対照的な表現。

「素朴」＝自然のままで、飾り気がないこと。

8 **くつろがせて**　なごませて。のんびりさせて。

9 **流《なが》れる水《みず》と、噴《ふ》き上《あ》げる水《みず》**　「鹿おどし」の水は自然のままに「流れる水」であり、噴水の水は人工的な力を加えることによって「噴き上げる水」である。

第二段落　教33ページ10行～35ページ4行

欧米の町の広場にはいたるところに噴水があった。名のある庭園のものは、趣向を凝らして風景の中心になっており、エステ家の別荘の壮大な水の造型は、彫刻のように空間に静止しているように見えた。

13 **趣向《しゅこう》を凝《こ》らして**　味わいやおもしろみが出るように工夫して。

*「趣向」＝物事を行ったり作ったりするときに、味わいやおもしろみが出るように工夫すること。

教35ページ

1 **壮大《そうだい》**　規模が大きくて立派な様子。

1 **造型《ぞうけい》**　ある材料を使って、空間の広がりに形あるものを作りあげること。ここでの材料は水である。

2 **息《いき》をのんだ**　驚いて思わず息を止めた。

*「息をのむ」＝驚きのあまり息を止める。

2 **さながら**　ここでは副助詞的用法で、…そっくり、…そのもの、の意。

4 **時間的《じかんてき》な水《みず》と、空間的《くうかんてき》な水《みず》**　「鹿おどし」の水受けに水がたまり、一気に水をこぼす時に音をたてる。その音が刻む、単純な、緩やかなリズムが、時間を感じさせることから、「鹿おどし」の水を「時間的な水」と表現し、水の造型として空間に静止しているように見えることから、噴水の水を「空間的な水」と表現している。

第三段落　教35ページ5行～36ページ5行

日本の伝統の中に噴水というものは少ない。日本人にとって水は自然に流れる姿が美しいのであり、造型する対象ではなかったのであろう。「行雲流水」という言葉があるが、その思想は、水のように形なきものを恐れない日本人の心の現れではなかっただろうか。

5 **そういうこと** 日本の「鹿おどし」の水と西洋の噴水の水を対比して、「時間的な水と、空間的な水」(35ページ4行)というようにイメージしたこと。

5 **せせらぎを作《つく》り、……水《みず》を見《み》る** 広大な敷地の中心に池を掘り、園内を巡りながら見て楽しむ日本式庭園の描写。

7 **伝統《でんとう》は恐《おそ》ろしいもので……美《うつく》しくない** 噴水という伝統をもたない(水のあり方に対する好みが違う)日本人が、西洋の噴水を形だけまねて作っても、美しくないということ。

8 **どことなく間《ま》が抜《ぬ》けて** 広場に噴水があっても、貧弱で広場の中心という感じがしないことをいっている。

「間が抜ける」＝拍子抜けする。重要なことが抜け落ちている。

9 **表情《ひょうじょう》に乏《とぼ》しい** 広場自体がありきたりで、個性や華やかさが感じられないということ。

12 **人工的《じんこうてき》な滝《たき》を作《つく》った日本人《にほんじん》** 滝を作るためには高度な技術を必要とする。その技術を日本人はもっていたのだから、噴水を作ろうと思えば作れたであろうということを暗示している。

② 「**そういう外面的な事情**」とは何か。

答 ・西洋の空気は乾いていて、人々が噴き上げる水を求めたということ。(35ページ10行)

・ローマ以来の水道の技術が、噴水を発達させるのに有利であったということ。(35ページ11行)

13 **水《みず》は自然《しぜん》に流《なが》れる姿《すがた》が美《うつく》しい** 日本人が噴水を作らなかった内面的な事情である。

14 **圧縮《あっしゅく》したりねじ曲《ま》げたり、……造型《ぞうけい》する** 直前の「自然に流れる」と対照をなす部分。水の「流れる」という本質を根本から変えるのである。

16 **形《かたち》がないということについて、……独特《どくとく》の好《この》みをもっていた** 水には定まった形がない。その水を西洋人は形あるものに造型したが、日本人は形がないという水の本性そのままを好んだのである。

教36ページ

2 **思想以前《しそういぜん》の感性《かんせい》** 理由や根拠のはっきりしているものが「思想」であり、思想は理性的・論理的なものと一般的には考えられる。したがって、「思想以前の感性」とは、理由や根拠の裏付けのない、日本人の中に無意識に存在する感じ方のことをいう。

＊「感性」＝外界からの刺激を直観的に受け取る能力。感受性。

③ 「**それ**」とは何を指すか。

答 「行雲流水」という言葉で表されるような、形がないということについての日本人の独特の好み。

3 **外界《がいかい》に対《たい》する受動的《じゅどうてき》な態度《たいど》** 与えられたものをそのまま受け入れる、主体性のない態度。

3 **積極的《せっきょくてき》に、形《かたち》なきものを恐《おそ》れない心《こころ》** 形なきものは目に見えない。それを、日本人は「積極的に恐れない」、つまり好ましく感じるということ。

5見《み》えない水《みず》と、目《め》に見《み》える水《みず》　形がないという水の本性そのままに流れる「鹿おどし」の水を「見えない水」と表現し、造型された形のある噴水の水を「目に見える水」と表現している。

第四段落　教36ページ6〜9行
流れを感じることだけが大切なのだとしたら、水を見ずにその流れを感じる「鹿おどし」は、日本人が水を鑑賞する行為の極致を表す仕掛けだといえるかもしれない。

6我々《われわれ》は水《みず》を……必要《ひつよう》さえない　日本人は、「鹿おどし」のたてる音と音の間に水の流れを感じ取る心をもっている。したがって、もはや実際に水を見る必要はないということ。

7その間隙《かんげき》　一定のリズムをもって「鹿おどし」がたてる、「こおん」という音と音の隙間。

＊「間隙」＝隙間。あいだ。

9＊極致《きょくち》　これ以上はないという、最上の到達点。

課題

課題A

1　筆者は、「鹿おどし」と「噴水」とを、どのようなものとして捉えているか。本文中から対句的表現を三つ探し、それを手がかりに整理してみよう。

考え方　三つの対句的表現とは、「流れる水と、噴き上げる水。」（33ページ9行）、「時間的な水と、空間的な水。」（35ページ4行）、「見えない水と、目に見える水。」（36ページ5行）のこと。いずれも前者が「鹿おどし」の水で、後者が「噴水」の水であることをおさえ、その特徴をまとめる。

解答例　●「鹿おどし」＝日本人に自然に流れる水そのものを感じさせると同時に、その音が刻む単純な、緩やかなリズムによって時間の経過をも感じさせ、形のないものを好む日本人に、水という形のないものを間接的に味わわせる極致の仕掛けとして捉えている。
●「噴水」＝水を造型して、人工的に空間に噴き上がらせたものであり、西洋人に直接目に見える形で、その造型美を味わわせる仕掛けとして捉えている。

2　「『鹿おどし』は、日本人が水を鑑賞する行為の極致を表す仕掛けだといえるかもしれない。」（36・8）という理由を、本文の内容にそってまとめてみよう。

考え方　設問に引用されている文は、本文の最終の一文である。本文が「鹿おどし」についての文から始まっていることを考えると、この問題は、本文に述べられている内容をまとめる意図をもっているということができるだろう。筆者は本文において、「鹿おどし」と「噴水」を比較して、「流れる水と、噴き上げる水。」（33ページ9行）、「時間的な水と、空間的な水。」（35ページ4行）、「見えない水と、目に見える水。」（36ページ5行）という表現を用いて説明している。それぞれの表現の意味について読み取り、「鹿おどし」を「日本人が水を鑑賞する行為の極致」と筆者が考える根拠をまとめるとよい。

解答例 「鹿おどし」は、断続する音の響きを聞いて、その間隙に流れるもの（水や時の流れ）を間接的に心で味わうものであり、自然に流れる水の姿を美しいと感じ、積極的に、形なきものを恐れない日本人の感性にぴったりと合った仕掛けであるといえるから。

課題B

1 **この文章の構成や展開の特徴を指摘し、その効果について話し合ってみよう。**

考え方 文章の構成については、意味内容による段落分けを参考にするとよい。その上で、各意味段落同士の関係性について見ていけば、展開の特徴を理解することができるはずである。

この文章は、四つの意味段落で構成され、第一段落と第二段落では「鹿おどし」と噴水の外面的な比較を、第三段落では内面的な比較（感性の違いの比較）を行い、そして、第四段落では前の三段落をまとめ、結んでいる。

筆者は、外面的な比較から内面的な比較（感性の違い）へと論を展開し、日本人の独特の感性について述べることで、「『鹿おどし』は、日本人が水を鑑賞する行為の極致を表す仕掛けだといえる」（36ページ8行）理由を明確にするのと同時に、日本と西洋の文化の根本的な相違についても浮き彫りにしているということが見えてくるだろう。

語句

次の語の対義語を調べてみよう。

緊張　無限　静止　単純

解答例 弛緩《しかん》　有限　運動　複雑

漢字を書いて確認しよう　重要漢字

① ユルやかな流れの川。（　　）
② これまでの努力がトロウに終わる。（　　）
③ セイジャクに包まれた通りを歩く。（　　）
④ ソボクな造りの家に住む。（　　）
⑤ 一分カンカクでスタートする。（　　）
⑥ ハナやかな衣装をまとう。（　　）
⑦ 色使いに工夫をコらす。（　　）
⑧ オオサカから新幹線で上京する。（　　）
⑨ 音楽の才能がトボしい。（　　）
⑩ 高校生をタイショウにした問題集。（　　）
⑪ 絵画展で絵をカンショウする。（　　）
⑫ これぞ芸のキョクチだ。（　　）

答 ①緩　②徒労　③静寂　④素朴　⑤間隔　⑥華　⑦凝　⑧大阪　⑨乏　⑩対象　⑪鑑賞　⑫極致

言語は色眼鏡である

野元《のもと》菊雄《きくお》

教科書P.38～45

●教材のねらい

・この文章での「色眼鏡」の意味を理解する。
・多くあげられている具体例を整理し、それぞれの言語の論理には上下の区別がないことを理解する。
・外国語を学ぶ目的について、考えを深める。

●要旨

言語は、その言語社会での世界の捉え方を反映しており、人間は必ず母語の色眼鏡を通して世界を見ているが、各言語にはそれぞれの論理があり、論理や色眼鏡の価値に上下の区別はない。外国語を学ぶ目的は、実利だけでなく母語と違った色眼鏡で世界を見、同じ客観世界が別に見えることを知ること、そして自己の幅を広げ、他文化への寛容を学ぶことである。これこそが世界平和の基礎になるものである。

●段落

論理の展開から、三つの段落に分ける。

一　教 p.38・上1～p.40・上14　言語によって違う世界の捉え方
二　教 p.40・上15～p.44・上6　言語の論理の価値に上下の区別はない
三　教 p.44・上7～下8　外国語を学ぶ目的

段落ごとの大意と語句の解説

第一段落　教38ページ上1行～40ページ上14行

ある言語は、その言語社会で決まった、世界をどう捉えているかの考え方を反映している。まず語彙の面から見るならば、あるものをどう名づけているかは、その言語で、世界をどう捉えているかの考えを反映している。このことと表裏をなすが、日本語を母語とする者は、世界を日本語で見ているのであり、人間は必ず母語の色眼鏡を通して世界を見ているのであって、客観世界を純粋に見ることはできない。

教38ページ

上5 **純粋客観世界**《じゅんすいきゃっかんせかい》　ここでは、誰が見ても変わらない世界、の意。
＊「客観」＝主観の認識作用とは独立して存在する外界の対象。
上6 **信仰**《しんこう》　ここでは、深く信じて疑わないこと、の意。

① 「そういうもの」とは何か。

答　純粋客観世界。

上10語彙《ごい》　一言語、あるいは一定の範囲に用いられる単語の全体。

下3エスキモー語《ご》　エスキモーが話す言語の総称。なお、「エスキモー」は、「生肉を食べる人」という差別的な意味をもつとして、カナダでは「イヌイット」、北アラスカでは「イヌピアック」などの呼称を用いるようになった。しかし、「エスキモー」を公的な呼称として認めている地域もあり、本人がその呼称を望む場合は、「エスキモー」と呼ぶべきであろう。

下3微細《びさい》　非常に細かい様子。

下8並々《なみなみ》ならぬ　普通の程度ではない。ありきたりでない。

教39ページ

7密度《みつど》が濃《こ》くて　ここでは、内容が充実している様子で、の意。

教40ページ

上1＊表裏《ひょうり》をなす　物事の両面を形成する。

上9極端《きょくたん》　ここでは、考え方などが非常に偏っていること。

上10母語《ぼご》の色眼鏡《いろめがね》を通《とお》して　母語に反映されている、世界をどう捉えるかの考え方を通して、ということ。

上12とかく　ある傾向になりやすい様子。ともすると。

第二段落　教40ページ上15行〜44ページ上6行

単数、複数の別がない日本語は論理的ではないと考える人はよくいるが、単数、複数の別のあることは言語にとってそんなに有利なことだろうか。ある言語にはその言語の論理があり、その論理の当否を他の言語の立場から決めてはいけない。世に普遍な論理はないのである。大切なのは、言語の論理や言語自身の価値に上下の区別はないということである。

下13当地名物《とうちめいぶつ》の霧《きり》　筆者がいたロンドンは霧がかかることで有名。小雨の降る日も多い。

教41ページ

上11不便《ふべん》な話《はなし》である　英語では単数、複数の区別があるため、the thief or thieves と表現しなければならないが、日本語では、前出の「人」と同じように「泥棒」で済ませられる。英語に単数、複数の区別があることを日本語の論理で考えた評価。

下7ありそうにもない冗談《じょうだん》　フランス語には、直前にあるように、男性名詞、女性名詞の区別がある。単数、複数の区別に、この男女の区別を加えたら、どんな滑稽なことになるだろうという、極端な例をあげただけなので、「ありそうにもない冗談」といったもの。

教42ページ

下14馬蹄型磁石《ばていがたじしゃく》　いわゆるU字型磁石のこと。
「馬蹄」＝馬のひづめ。

教43ページ

上8いずれにせよ　これまであげてきた具体例を、総括することを示す。

上9その論理《ろんり》の当否《とうひ》　それぞれの言語の論理（＝ものの考え方や見方）が、適切か適切でないか。
＊「当否」＝適切か否か。正当か正当でないか。

上10＊普遍《ふへん》　全ての物事に共通していること。

2　「この二つの論理」とは何か。

答　「三冊の本」についての、英語の論理とハンガリー語の論理。three は複数だから、book には複数語尾 -s をつけなければならないという英語の論理と、három《ハーロム》 ですでに複数であることは示されているので、könyv《ケニブ》 まで複数(könyvek《ケニベク》)を示すことはないというハンガリー語の論理。

下10 **にわかには**　すぐには。安直には。

第三段落　教44ページ上7～下8行

外国語を学ぶ目的は、実利以外に、母語と違ったもう一つの色眼鏡で世界を見る時、同じ客観世界が全く別に見えることを知り、自己の幅を広げ、他の文化への寛容を学ぶことである。

教44ページ

下1 **実利《じつり》**　実際の利益。実際の効用。ここでは、外国語が上手になって、その言葉で書かれた本を読んで知識を得ることや、その外国語を話す人と会話を楽しむようなこと。

下7 **他《た》の文化《ぶんか》への寛容《かんよう》を学《まな》ぶこと**　自国の文化のみに捉われず、他の国や地域の文化や独自性を認めようとする態度を学ぶこと。

課題

課題A

1　**「世界は自分の色眼鏡で見る世界しかないと思いがちのものである」(40上・12)とはどういうことか。わかりやすく説明してみよう。**

考え方　「色眼鏡」が表す意味を前の部分から読み取る。「世界は自分の色眼鏡で見る世界しかない」は、「純粋客観世界というものがある」(38ページ上5行)に対する筆者の主張となっていることをおさえるとよい。

解答例　言語は、その言語社会で決まった、世界をどう捉えているかの考え方(＝論理)を反映しているが、ふつう人は、自分が母語の色眼鏡(＝論理)を通して世界を見ているとは気づかない。だから、自分の見ている世界が、ありのままの世界(純粋客観世界)だと思い、他の見方があるとは考えない、ということ。

2　**英語の単数・複数の区別について、筆者が取りあげている具体例を整理してみよう。**

考え方　単数・複数の区別については、40ページ上15行～43ページ下8行で具体例をあげて述べられている。そこから英語についての例を箇条書きなどにしてまとめるとよい。

解答例　●人の人数がわからないとき＝単数形を使うか、単数形と複数形の両方を示す。

●ズボン・パンツ・パンタロン＝足を一本ずつ入れてはく式の、下半身に着けるものは複数形。

●上着＝上着の起源が、一枚の布の真ん中に穴を開けて首を突っ込んでいたことから単数形。

●双眼鏡・眼鏡＝主になる部分が二つあり、それが組み合わさっているので複数形。

●二つに分かれる方式の時計のバンド＝単数形。

- はさみ＝鉄片二つが一か所でとじてあるから複数形。
- 鉄を曲げてバネを使って切るはさみ・石炭挟み・氷を挟むもの・角砂糖挟み＝挟むところ二つで一対になっているので複数形。
- 馬蹄型磁石＝動かないから単数形。
- ピンセット＝フランス語から入った外来語だから単数形。
- 三冊の本＝three books の three は三だから複数、それゆえ複数形。

3 **「外国語を学ぶ目的」（44上・7）を筆者はどのように述べているか、まとめてみよう。**

考え方　文章の最後の段落の内容から読み取れる。「外国語を学ぶことは、自己の幅を広げ……他の文化への寛容を学ぶことである」（44ページ下5行）とある筆者の主張を中心にしてまとめるとよい。

解答例　外国語で書かれた本を読んで知識を得るためや外国語を話す人と会話を楽しむためだけでなく、世界平和の基礎となるように、自己の幅を広げ、自分だけをよしとする態度を反省し、他の文化への寛容を学ぶためである。

課題B

1 **本文の「牛肉」の例のように、日本語と他の言語とで、区分の仕方が違う例を探し、発表してみよう。**

考え方　細かく区分しているということは、その物事に対する関心が深いということである。日本の風土や文化などと、他の言語を使う国や地域とのそれの違いに着目して、探してみるとよいだろう。

- 日本語では長幼の順に、「兄・弟」「姉・妹」、「伯父・叔父」「伯母・叔母」と区分するが、英語では、「brother」「sister」「uncle」「aunt」と区分しない。
- 日本語では「湯」を言い表す言葉に、「湯」「ぬるま湯」「熱湯」「白湯《さゆ》」などがあるが、英語では全て「hot water」である。

語句

次の例のように、「無」「非」「反」をつけて対義語になる熟語にどのようなものがあるか調べてみよう。

例　関心→無関心

解答例　責任→無責任　常識→非常識　社会的→反社会的

▼漢字を書いて確認しよう　重要漢字

① 文章の主題を正しくトラえる。（　）
② 世相をハンエイした事件が起こる。（　）
③ 気ままに予定を変えられては、ハナハだ迷惑だ。（　）
④ 本を読んで、ゴイを豊かにする。（　）
⑤ 進行状況をビサイにわたって報告する。（　）
⑥ 雨上がりの空に七色のニジがかかっていた。（　）
⑦ 旅行中にドロボウに入られた。（　）
⑧ 総力を挙げて事件をソウサする。（　）
⑨ 重箱をフロシキで包む。（　）
⑩ 箸で煮卵をハサんで皿に移す。（　）
⑪ 優れた芸術作品は、フヘン性を備えている。（　）

答　①捉　②反映　③甚　④語彙　⑤微細　⑥虹　⑦泥棒　⑧捜査　⑨風呂敷　⑩挟　⑪普遍

学びを広げる　日本のお祭りはどういうものですか？

野矢茂樹《のやしげき》　教科書P.46〜49

課題① 本文を読んで気づいたこと、考えたことを発表し合おう。

考え方 本文の課題は、太郎が日本語学校に通っている女性に対して、「お祭り」がどういうものかを説明するということである。さらに、この課題に対して太郎が考えた「問題例文」について、問1〜3を設け、不備を指摘している。問1では、説明する「相手」が「日本語はかなりできるが日本のことはあまり知らない」という設定から内容を吟味しており、問2・3では、「神社」など、問1であげられている六個のポイントについて吟味したものである。私たちが普段何気なく使っている言葉でも、うまく説明できなかったり外国の人には理解しづらかったりするものがあると気づくであろう。ジャーナリストの池上彰《いけがみあきら》氏は、テレビ番組「こどもニュース」に、大人なら特に問題なく理解できるニュースを、子供たちでもわかりやすく理解できるよう、工夫して説明するお父さん役として出演した。そのためにはかなりの労力が必要だったと思われる。同じように示されたそれぞれの解答例の内容をふまえ、自分の考えをまとめるとよい。

課題② 本文で指摘された点に留意して、「太郎」の立場に立って問題例文を書き直してみよう。

考え方 太郎の作成した「問題例文」は、「日本語はかなりできるが日本のことはあまり知らない」相手のことを考えた内容になっているか、という視点から論じられている。問1〜3で具体的に説明されているように、相手にも理解できるように、別の言葉で言い直したりさらに説明を加えたりして書き直そう。

身近な日本文化を紹介しよう

教科書P.50〜51

課題① この紹介文の構成や表現の仕方、話題や内容について気づいたことを発表しよう。

考え方 紹介文は、三つの意味段落で構成されており、それぞれ、折り紙を取りあげる理由→折り紙についての情報→まとめという内容になっている。日本人にとって身近な折り紙が、「ORIGAMI」として国際的に知られ、さまざまなものに活用もされていることが、文章の骨子となっているということを指摘するとよい。

課題② この文章を参考に、各自で紹介文の読み手を想定した上で、六〇〇字程度で身近な日本文化についての紹介文を書いてみよう。

考え方 「折り紙」の紹介文は、折り紙という身近なものに、意外な奥深さがあったという発見を伝えたものになっている。これを参考にして、読み手によって内容や表現が変わるということを意識しながら、身近な日本文化について調べ、わかったこと、気づいたことをまとめてみよう。

三　情報社会を生きる

ネットが崩す公私の境

黒崎《くろさき》政男《まさお》

教科書P.54～58

教材のねらい

・インターネットの登場によって起こった変化を整理して捉える。
・「公私の境」が崩れるとは、どのようなことか理解する。
・インターネットなどの普及によって起こる問題について考える。

要旨

ニーチェは、活字書物文化を「考えることまで腐敗させる。」と揶揄《やゆ》した。今日、インターネットの登場によって誰でも著者になりうるようになったが、そこでは情報量の制限、情報の内容や質による淘汰《とうた》の力がはたらかず、公私の境が溶け落ちてしまっている。インターネットは、今度は何を腐敗させてしまうのだろうか。

段落

一行アキで四つの段落に分かれている。

一　教 p.54・1～9　精神の腐敗――ニーチェの言葉
二　教 p.55・1～p.56・2　著者の権威性の崩壊
三　教 p.56・3～p.57・2　従来のメディアとインターネット
四　教 p.57・3～14　公私の境の崩壊

段落ごとの大意と語句の解説

第一段落　教54ページ1～9行

ニーチェは、暇つぶしの気楽な読書態度では、全身全霊で「書かれたもの」の精神を読み解くことはできない、誰もが読むことができるという事態は、「考えることまで腐敗させる」と、活字書物文化の特質を揶揄した。

教54ページ

4 **腐敗《ふはい》**　ここでは、精神的に堕落すること、の意。

6 ***啓蒙《けいもう》**　知識のない人に正しい知識を与えて、教え導くこと。

6 **教化《きょうか》**　教えたり影響を与えたりして、人をよい方向に向かわせること。

7 ***揶揄《やゆ》**　皮肉・軽蔑などをこめてからかうこと。

8 **暇《ひま》つぶしの気楽《きらく》な……読《よ》み解《と》くことはできない**　しっかり読み取ろうという気持ちのない、気楽でいい加減な読書態度では、著者がその存在をかけて、悩み考え抜いた意見やその精神を理解することはできない。

第二段落　教55ページ1行〜56ページ2行

〈著者という権威〉の成立は活版印刷術の成立以降だが、インターネットを中心とした電子メディアの登場により、権威者と多数の読者という上下構造が消失し、誰でもが著者となりうるようになった。

教55ページ

3 **活版印刷術**《かっぱんいんさつじゅつ》　活字を組んで作った版に圧力をかけて印刷する技術。これによって、以前は手書きで少数しかなかった書物が、大量に印刷されることになった。なお、活版印刷術は、ルネサンス期（十四〜十六世紀）の三大発明の一つといわれる。

4 **〈著者性《ちょしゃせい》〉**　少数であること、多数の読者を啓蒙し教化すること、権威をもっていることが〈著者性〉となる。

①　「ここ」とは何を指すか。

答　インターネットを中心とした電子メディア。

7 **享受**《きょうじゅ》　受け入れて自分のものとすること。

10 **＊目下**《もっか》　ここでは、現在、さしあたり、という意味。

12 **泣《な》き寝《ね》入《い》りせざるをえなかった**　不正を正すことができずあきらめていた。

＊「泣き寝入り」＝ここでは、不当な仕打ちを受けて、不満なままにどうすることもできず、あきらめること。

＊「……せざるをえない」＝そうしないわけにはいかない。

14 **匿名性**《とくめいせい》　自分の名前を隠したり、別の名前を使ったりする性質。

14 **＊個人**《こじん》　集団に対する一個人。また、どこにも所属しない私人。

14 **＊誹謗**《ひぼう》　悪口を言うこと。そしること。

14 **＊中傷**《ちゅうしょう》　根拠のないことを言い立てて、名誉を傷つけること。

第三段落　教56ページ3行〜57ページ2行

インターネットは膨大な量の情報発信者と情報検索を可能にしたが、従来のメディアにはあった、情報の総量を制限したり、情報を内容や質によって淘汰したりする力がはたらかない。従来のメディアでは、個人が公に対して発言するには、困難や編集者のチェックなどが伴い、これらが思いを十分に吟味し練り上げた思考や意見にしていた。

教56ページ

5 **構造上**《こうぞうじょう》　**少数**《しょうすう》**たらざるをえなかった**　ＴＶ・ラジオ、新聞・雑誌などの企画・制作・発信には、その分野における能力（技術）を有した者が必要である。よって、必然的に「少数たらざるをえなかった」ということ。

7 **情報**《じょうほう》**の非物質性**《ひぶっしつせい》　情報を得るのに物質の媒介が必要でないということ。

②　「ここ」とは何を指すか。

答　紙メディア。

9 **情報量**《じょうほうりょう》**の過度**《かど》**な増加**《ぞうか》**は、……減少**《げんしょう》**につながる**　紙メディアでは、情報が増加しすぎると目的の情報を探し出すのに時間がかかるなどして、かえって情報を有効に使えなくなるということ。

12 抽出《ちゅうしゅつ》　多くの中から特定の物や要素を選んで抜き出すこと。

13 ＊淘汰《とうた》　ここでは、よいものを選び残し、不要なもの・不適切なものを取り除くこと。

教57ページ

③ 「この距離」が隔てている二つのものは何か。

答　個人と公。

1 一面的《いちめんてき》な思念《しねん》　ある一つの方向に偏った思い。

第四段落　教57ページ3〜14行

インターネットでは、〈発想〉と〈発表〉との落差がほとんどなく、公私の境が溶け落ちる。情報とともに個人のとりとめもない思いや理解や誤解がネット上にあふれ、しかも簡単に強大な力を発揮するような事態は、今度は何を腐敗させてしまう

ことになるのだろうか。

6〈自我境界《じがきょうかい》〉が曖昧化《あいまいか》、拡大化《かくだいか》し　ふと思いついただけのものや、他人の受け売りでしかないものというように、発想や考えがいい加減で主体がはっきりしなくなること。また、そうした思いや感情を過大に評価し、他人もそれを受け入れるはずだと思って発表してしまうこと。

＊「自我」＝他と対立する存在として意識した自分。

6 自己《じこ》と世界《せかい》が、……〈短絡《たんらく》〉してしまう　自分の思いや感情が吟味され深められることなく、公開されて(世界に伝わって)しまう。

「短絡」＝物事を単純、簡単に結び付けてしまうこと。

11 強大《きょうだい》な力《ちから》を発揮《はっき》することになる　本文では、「強大な力」の例として、一人の発言が「不正をただすこと」(55ページ15行)もあれば、「個人やコミュニティーや企業を崩壊させること」(55ページ15〜16行)もあることがあげられている。

課題

課題A

1 活版印刷術の成立以降、「著者」はどのような存在であったか、まとめてみよう。

解答例　多数の読者の上に立つ権威であり、一方的に情報を発信して、受動的に享受する多数の読者を啓蒙し教化する存在であった。

2 従来のメディアに替わり、新たにインターネットを中心とする電子メディアが登場したことによって、どのような大きな変化が起こっているか、次の項目ごとにまとめてみよう。

① 発信者と受信者の関係

考え方　第二段落と、「課題」**1**でみた著者と読者の関係の変化からまとめる。

解答例　少数の発信者が一方的に情報を発信し、多数の受信者が受動的に享受するという上下構造が消失し、誰もが発信者にも受信者にもなれるという対等の関係に変化した。

②情報の量及び内容や質

考え方　第三段落からまとめる。

解答例　従来のメディアでは、その構造上情報の量は制限され、情報の内容や質も編集者などによるチェックを受けることにより保たれていた。しかし、電子メディアでは、情報量は膨大なものとなり、内容や質も他の人のチェックを受けることがないため低下していった。

③自分と世界の関係

考え方　第四段落の「自己と世界が……溶け落ちる。」（57ページ6〜8行）という記述に着目する。

解答例　従来のメディアでは、個人が多くの人に発信することにさまざまな困難が伴い、容易ではなかったが、電子メディアでは簡単に発信することができ、従来はっきりしていた自分と世界の境界が崩れてきた。

課題B

1　**「誰もが公表できるという事態は、いったい今度は何を腐敗させてしまうことになるのだろうか。」（57・13）とあるが、インターネットなど電子メディアの普及によって起こる問題にはどのようなものがあるだろうか。話し合ってみよう。**

考え方　この文章の眼目は、インターネットによって公私の境が崩れるということ。そのことは我々に何をもたらすのかを考えてみよう。例えば、誹謗中傷が簡単にできることで、公共性モラルの腐敗が起こる、あるいは、自分の考えを吟味することなく、または、他人の考えを安易に受け売りすることで、思考的向上心（深く考えること）の腐敗が起こる、といったことが考えられるであろう。身近な例や最近の事例などを具体的に示してまとめるとよいだろう。

語句

次の語句を使って短文を作ってみよう。

……せざるをえない

解答例　駅を出ると豪雨が降っており、急いでいたが、小降りになるのを待たざるをえなかった。

漢字を書いて確認しよう　重要漢字

① フハイした政治を立て直す。（　　）
② 民衆をケイモウする書を著す。（　　）
③ その世界でケンイある賞をもらう。（　　）
④ 事故で損害をコウムる。（　　）
⑤ 自由をキョウジュする。（　　）
⑥ 独裁政権がホウカイする。（　　）
⑦ ロンキョを明確に示す。（　　）
⑧ トクメイの葉書を出す。（　　）
⑨ 雑誌にトウコウする。（　　）
⑩ インターネットで漢字をケンサクする。（　　）
⑪ 毒物をチュウシュツする。（　　）
⑫ 材料をギンミする。（　　）
⑬ タンラク的な発想だと笑われる。（　　）

答
①腐敗　②啓蒙　③権威　④被　⑤享受　⑥崩壊　⑦論拠　⑧匿名
⑨投稿　⑩検索　⑪抽出　⑫吟味　⑬短絡

「選べる社会」の難しさ

松《まつ》田《だ》美《み》佐《さ》

教科書P.59〜64

教材のねらい

・コミュニケーション・メディアが人間関係や社会にもたらす影響について、筆者の考えを読み取る。
・「選択」とそれにまつわる「責任」の問題について考える。

要旨

コミュニケーション・メディアが人間関係や社会に与える影響について考えるとき、「選択」がキーワードになる。多くのことが選択可能になったが、選択肢は「自分の思いつく範囲」に限られ、選んだ結果失敗しても「自己責任」となる。自らの興味以外の情報を得られないインターネットは、民主主義を危うくする可能性ももつ。情報の公平性は薄まりつつあり、よりよく「選ぶ」方法を身につけることも難しいとあれば、「選ばざるをえないこと」の困難さを理解し、選択に失敗した場合のセーフティーネットを用意する必要がある。

段落

筆者の主張の展開によって、六つの段落に分ける。

一　教p.59・1〜p.60・7　選択可能な社会
二　教p.60・8〜p.61・2　選択可能な社会のマイナス面①
三　教p.61・3〜14　選択可能な社会のマイナス面②
四　教p.61・15〜p.62・9　選択可能な社会のマイナス面③
五　教p.62・10〜p.63・6　現在の情報の公平性
六　教p.63・7〜10　選択可能な社会で必要なもの

段落ごとの大意と語句の解説

第一段落　教59ページ1行〜60ページ7行

コミュニケーション・メディアが人間関係や社会とどういった関係を結んでいるかを考えるとき、「選択」がキーワードとなる。ケータイやインターネットを通じたコミュニケーションは、常に選択するものだからだ。多くのことが選択可能になり、自分の好きなものしか選ばない傾向が強まり、この傾向にはプラス面に加えて、マイナス面も多い。

教59ページ

5　そういったコミュニケーション　ケータイやインターネットを通じたコミュニケーション。

10　＊まつわる　ここでは、関連する、という意味。

教60ページ

① 「このような傾向」とは、どういうことか。

答　多くのことが選択可能になり、自分の好きな相手や情報しか選ばない傾向。

6 ＊**裁量《さいりょう》**　その人の考えで問題を処理すること。

第二段落　教60ページ8行〜61ページ2行

コンピューター検索では、「自分の思いつく範囲」でしか検索しないため、極めて狭い範囲の文献しか得られない傾向がある。ネットショッピングでも同様で、全ては「想定内」に収まってしまう。自分の趣味趣向に従って情報を選ぶことには、趣向の源となる生育環境や人間関係が影響するので、「育つ環境」の格差が強調され、社会の不平等感が増す可能性がある。

12 **類推《るいすい》**　ここでは、似ている点をもとに、ほかを推し量ること。

14 **全《すべ》ては「想定内《そうていない》」に収《おさ》まってしまう**　意外な本との出会いがある実際の書店とは違って、ネットショッピングでは、興味の範囲内に収まる本しか見つけられないということ。

教61ページ

1 ＊**格差《かくさ》**　物事の価値などの違い。ここでは、「育つ環境」の違いを指している。

第三段落　教61ページ3〜14行

限られた時間で合理的に選択するために、専門的な情報をもったエージェントを頼ることが必要となるが、エージェントの集めた情報が、本人にとって信頼でき、有効なものかはわからないのに、その結果の責任をもつのは本人である。この「責任」の問題は、選択の自由と大きく関わる。人生のできごと全てが個人の選択の問題になりつつあるが、「自己責任」に耐えられない人も増えてくるのではないだろうか。

9 **この「責任《せきにん》」の問題《もんだい》は、選択《せんたく》の自由《じゆう》と大《おお》きく関《かか》わっている**　「『責任』の問題」とは、直前の段落に述べられている、専門的な知識をもっているエージェントに情報の収集を頼っても、「結果的に正しかったかどうかを引き受ける＝責任をもつのは本人」であるということを受けたものである。これが「選択の自由と大きく関わっている」とは、直後にあるように、「自分で人生を切り開くほうがよい」という価値観に支えられ、人生のできごと全てにおいて選択が自由になったが、その選択の結果を引き受ける＝責任をもつのが、選択を行った自分である（＝「自己責任」）ということになるかもしれないという筆者の懸念を示したものである。

第四段落　教61ページ15行〜62ページ9行

インターネットは民主主義を危うくする可能性をもつとも言われている。インターネットでの情報収集は自分の興味関心によって行われることから、議論や適切な判断が難しくなるためだ。個人の自由や多様性が行き過ぎると、社会としての最低限のまとまりや公共性、規範がなくなる可能性があり、利害関係が対立するグループへ強い敵意をもつことで、社会の分裂を引き起こす可能性もある。

15 **民主主義《みんしゅしゅぎ》**　個人が権力をもち、それを行使する政治形態のこと。人間の自由・平等を重んじるもの。

16 **皆《みな》が……民主主義社会《みんしゅしゅぎしゃかい》は成立《せいりつ》している**　民主主義社会は、自由・平等の下に、社会を構成する個人がそれぞれの権力を行使するものであるので、「同じ話題」について「議論」ができるということが必要になってくる。直後にあるように、「インターネットでの情報収集は自分の興味関心によって行われる」ものであるので、共通の話題についての「議論」そのものが困難になるのである。

教62ページ

6 **利害関係《りがいかんけい》が対立《たいりつ》するグループ** 自分にとって不都合となる主張を行うグループなど。

7 **仮想敵《かそうてき》** 仮に想定した敵のこと。ここでは、仲間内の議論によって引き出されたものであるので、実際に「敵」であるかどうかは重要ではない。

8 **集団内論理《しゅうだんないろんり》での活動《かつどう》** グループ内で行われる議論やそこから導かれた活動のこと。

9 **＊軋轢《あつれき》** 仲たがいをすること。

第五段落　教62ページ10行〜63ページ6行

現在の放送メディアでは、多様なメディアや情報源に接触する機会が増えたため、公平性についてかつてのような厳密なルール運用は不要とする意見も強まりつつある。情報源としての専門家やエージェント、及びメディア・コントロールが不十分であるなら、一人一人が情報をよりよく「選ぶ」方法を身につける必要があるが、それは難しく、「メディア・リテラシーを身につけましょう」という主張自体が、情報の不確実性を示すものとなっている。

13 **個人《こじん》サイト** 個人が作成、運営しているウェブサイトのこと。

13 **同様《どうよう》のルール** 公平性について厳密なルールを運用すること。

13 **表現《ひょうげん》の自由《じゆう》の侵害《しんがい》** 個人に約束された表現することの自由の権利を阻害することになるということ。

15 **情報源《じょうほうげん》としての……十分《じゅうぶん》でないならば** 「情報源としての専門家やエージェント」は、61ページで述べられていた、合理的な選択のために頼った相手のことであるが、彼らの収集した情報の有用性には疑問が残り、また、選択の結果に責任をもつのは彼等ではなく本人である。そのため、彼らの情報を選んだとしても「十分でない」と筆者は述べている。「メディア・コントロール」が「十分でない」とは、直前の段落で述べられている、「公平性について厳密なルール運用は不要」との考えが強まりつつあることを指している。

16 **情報《じょうほう》の海《うみ》を泳《およ》ぎきる** 情報があふれている状態を「海」にたとえている。直後で「よりよく『選ぶ』方法を身につけること」と言い換えられているように、「情報の海」を「泳ぎきる」とは、情報を正しく選択することを意味している。

教63ページ

❷ **「その力」とは何か。**

答　情報をよりよく「選ぶ」力。

❸ **「自己矛盾を起こしている。」とはどういうことか。**

答　「メディア・リテラシーを身につけましょう」という主張そのものが、自らの主張を疑って聞けといっているようなものであること。

第六段落　教63ページ7〜10行

「選べない社会」への回帰は考えられないので、「選べること」を賞賛するだけでなく、「選ばざるをえないこと」の困難さを理解し、選択に失敗した場合のセーフティーネットを用意することが必要である。

7「選《えら》べない社会《しゃかい》」への回帰《かいき》　冒頭で筆者は、「ここ十年来、ちょうど……爆発的に普及」したことを指摘しており、それらのメディアが人間関係や社会に影響を及ぼしたことについて、本文では述べている。「選べない社会」とは、そのような状況となる以前の社会のことである。

「回帰」＝元の場所に戻ること。

課題

課題A

1　**「キーワードは『選択』にある」（59・5）とあるが、「ケータイやインターネット」における「選択」とはどのようなもののことか。具体的な例をあげて説明してみよう。**

考え方　直前にある「ケータイやインターネットを通じた……特徴はどこにあるのか。」「コミュニケーションが社会に……どんなものなのか。」（59ページ4〜5行）という問題について考える「キーワード」が「選択」だという文脈である。直後の段落で、「ケータイやインターネット」における「選択」について説明されているので、ここから、自分の好きな相手や情報しか選ばないことを指しているとわかる。この具体的な例をあげて説明する。

解答例　・連絡をとる相手として、自分のケータイに登録されている人、知っている電子メールアドレスの人を選択するなど、自分の好きな相手しか選ばないこと。

・自分の気に入ったニュースサイトしか見ないなど、自分の興味のある情報しか選ばないこと。

2　**「この『責任』の問題は、選択の自由と大きく関わっている。」（61・9）とはどういうことか。説明してみよう。**

考え方　直前の段落で述べられている、情報の収集に専門的な知識をもつエージェントを頼って選択を行っても、「結果的に正しかったかどうかを引き受ける＝責任をもつのは本人」（61ページ7〜8行）であるという内容を受けて、選択の「責任」の所在について述べたものである。直後から、選択の結果を引き受ける＝責任をもつのは、選択を行った自分である（＝「自己責任」）という内容を読み取る。

解答例　「他人に決められた人生を歩むより、自分で人生を切り開くほうがよい」という価値観の下で、人生のできごと全てが個人の選択の問題となりつつある。そして、専門家からの助言であっても、その選択の結果は自分で責任をもつべきだとされているということ。

3　**「インターネットは民主主義を危うくする可能性をもつとも言われている。」（61・15）とあるが、それはなぜか。説明してみよう。**

考え方　直後に、「皆がある程度同じ……民主主義社会は成立している」（61ページ16行〜62ページ1行）とある。しかし、「インターネットでの情報収集は自分の興味関心によって行われる」（62ページ1〜2行）ものなので、「自らの興味関心以外の話題に情報や知識をもたない」（62ページ2行）人が増え、「議論や適切な判断が難しくなる」（62ページ3行）のである。

解答例　民主主義社会は皆がある程度同じ話題や関心や知識をもって議論できる土台の上に成り立っている。しかし、インターネットでの情報収集は自分の興味関心によって行われ、それ以外の話題に情報や関心をもつことがなくなるため、必要な議論や適切な判断が難しくなるから。

4　「『選ばざるをえないこと』の困難さ」（63・9）とは、どういうことだろうか。話し合ってみよう。

考え方　今の社会では「選択」をすることがとても多くなっている。そこには利点もあるがデメリットもある。しかし私たちは以前のような「選べない社会」に戻ることはできず、「社会の不平等感が増す可能性」（61ページ1〜2行）や「人生のできごと全てが個人の選択の問題となりつつある」（61ページ10行）といった多くの問題を抱えながらも、「選択」の存在する社会で生きるしかない。このような本文の内容をふまえて話し合ってみよう。

課題B

1　「選択に失敗した場合」（63・9）とあるが、具体的にどういうことが考えられるか。例をあげて話し合ってみよう。

考え方　「選択に失敗した場合」については、61ページで、エージェントに頼って選択肢をしぼった場合の例として、「手術の当否を判断するための専門家の医療情報」（61ページ7行）と、「進路や就職、結婚、子どもをもつかどうかなど」（61ページ9〜10行）の問題において、自分で選んで失敗した際には「自己責任」になるということが説明されている部分で触れられていた。

これらの例を参考にしながら、どのような「選択」において、どのような「失敗」が起こりうるか、具体的な例を、想像したり自分の体験を思い出したりしてみるとよい。

語句

次の漢字を使った熟語を調べてみよう。

遇　境遇・待遇
偶　偶然・偶像
隅　一隅・片隅

解答例

▼漢字を書いて確認しよう　重要漢字

①クーラーが家庭にフキュウする。（　　）
②二つの用事をイッショに済ます。（　　）
③多くのブンケンから引用する。（　　）
④皆のキハンとなる行動をとる。（　　）
⑤果たしてケネンしたとおりになった。（　　）
⑥人権をシンガイする行為。（　　）
⑦友人の話のムジュンした点を突く。（　　）

答　①普及　②一緒　③文献　④規範　⑤懸念　⑥侵害　⑦矛盾

情報と身体

吉岡洋《よしおかひろし》

教科書P.65〜69

●教材のねらい

・「世界が、とても狭くなってしまった」という言葉の二つの意味を、メディアとの関わりから捉える。
・「情報」と「身体」の関係についての筆者の考えを理解する。
・筆者のいう「本当の情報リテラシー」について理解する。

●要旨

メディアの発達によって、身体の運動なしに知識が獲得されるようになったが、情報に意味を与えるのは身体を通してしかありえない。電子的空間と身体的現実との間の軽快な往復運動が、本当の情報リテラシーなのである。

●段落

内容から四つの段落に分けられる。第一・第二段落を前段、第三・第四段落を後段の二つの段落と捉えることも可能。

一　教p.65・1〜p.66・6　空間的距離や時間的遅れの縮小
二　教p.66・7〜p.67・6　狭い世界の中に安住する人々
三　教p.67・7〜16　情報に意味を与えてくれる「効率の悪さ」
四　教p.68・1〜9　本当の情報リテラシー

段落ごとの大意と語句の解説

第一段落　教65ページ1行〜66ページ6行

メディアの発達によって、空間的距離や時間的遅れが縮小され、その結果世界は「狭く」なった。人間は長い間、身体がリアルな時空間の中を運動することを通して情報を得ていたが、メディア環境においては身体の運動なしに世界の知識が獲得され、そこでは知覚と運動とが分離されている。生き物として無理なことを強いられているわけである。

教65ページ

4 **空間的距離《くうかんてききょり》や……縮小《しゅくしょう》され**　インターネットなどを利用すれば、空間的に離れていても、短時間で情報を得られるようになった、ということ。

6 **自爆《じばく》テロ**　自分の体に爆薬をつけたり、車などに爆薬を積んだりして目標に近づき、死を覚悟で爆発させるテロ行為。

6 **証人喚問《しょうにんかんもん》**　議院が国政に関する調査のため、証人を呼び出して、証言や記録の提出を求めること。

7 **一連《いちれん》のショーのようだ**　「自爆テロ」、「オリンピック」、「証人喚問」をメディアを通して見れば、その現実も一連の見世物のようであるということ。

8日常生活《にちじょうせいかつ》という「観客席《かんきゃくせき》」に座《すわ》ったまま　情報を受け取っても、それを自分の世界の中に意味づけることなく、見ているだけだということ。

1「これ」とはどういうことか。

答　メディアの発達によって、空間的距離と時間的遅れが縮小されて世界は「狭く」なり、世界で起きているできごとを、日常生活の中にいながら、ショーを見るように知ることができるようになったということ。

9＊未曽有《みぞう》　これまでに一度もなかったこと。
9＊共同体《きょうどうたい》　血縁や地域などによって結びついている集団。
10リアル　現実的。

教66ページ

5＊知覚《ちかく》　感覚器官を通じて外界の対象を意識し、見分けるはたらき。

2「その意味」とは何か。

答　身体がリアルな時空間の中を運動することで情報を得るのが、生き物として自然なことであるのに、メディア環境では、知覚と運動が分離され、身体の運動なしに知識が獲得される、という意味。

6強《し》いられて　強制されて。
＊「強いる」＝強制する。

第二段落　教66ページ7行〜67ページ6行
情報ネットワークの中で、人々はますます狭い世界の中に安住してしまった。人々は、外の世界「について」の言葉やシンボルを操作するのは巧みだが、自分の世界「の中で」それらを意味づけようとはしない。知識と身体とを切り離す術《すべ》を習得してしまったのである。

8オープンに　ここでは、制限なく自由に、といった意味。
9アクセス　コンピューターの記憶装置から、情報を呼び出したり、書き込んだりすること。
13既製品《きせいひん》のカタログのようなもの　単に探しているものを見つけるためのようなもの。

教67ページ

1安住《あんじゅう》　その境遇に落ち着いて、満足していること。
3心性《しんせい》　心のあり方。
3根《ね》をおろした　草木が根を張ることから転じ、定着したことを表す。
＊「根をおろす」＝定着する。
4外《そと》の世界《せかい》「について」　外の世界と距離を置いて、直接に関わりをもたない情報（知識）としての、ということ。
5自分《じぶん》の世界《せかい》「の中《なか》で」　自分の身体（経験）を通して、ということ。
5意味《いみ》づけようとはしない　情報を確かなもの（意味のあるもの）にしようとしない。
6＊幽体《ゆうたい》　ここでは魂のこと。

第三段落　教67ページ7〜16行
かつては情報を手に入れるために、手間と時間がかかったが、そうした「効率の悪さ」が複雑な意味の場を形づくっていたのである。それに対し、探しているものがすぐに見つかる情報空間とは、「単に探しているものしか見つからない」退屈な場所だといえる。

10 **猶予**《ゆうよ》　決められた期限をのばすこと。ここでは〝時間〟ほどの意。

11 **動機**《どうき》**づけ**　行動へ駆り立て、目標へ向かわせるような要因。

11 **逆説的**《ぎゃくせつてき》　普通とは逆の方向から考えを進めていくさま。

＊「逆説」＝真理に反しているようで、よく考えると真理を述べている説。

③ **「逆説的に聞こえるかもしれないが」と言っているのはなぜか。**

答　情報収集の「効率の悪さ」はマイナスのように思えるが、かえって情報の意味をゆっくり考え、その情報を獲得し自分のものにしようとする動機づけになり、複雑な意味の場を形づくっていたから。

15 **裏**《うら》**をかえせば**　逆の言い方をすれば。

第四段落　教68ページ1〜9行

人間は常に身体を伴った存在であり、情報に意味を与えるのはこの身体を通してしかありえない。電子的空間と身体的現実との間の往復運動に、自分なりの軽快なリズムを見いだすことが、本当の情報リテラシーである。今こそ、情報通信技術が人間にとってなんの役に立つのかを、日常生活の「中から」考えていく絶好の機会である。

教68ページ

4 **得策**《とくさく》　うまいやり方。

5 **「頻繁**《ひんぱん》**にスイッチを切**《き》**る」習慣**《しゅうかん》　電子的空間にどっぷり浸りきるのではなく、身体的現実にも身を置くようにする習慣。

④ **どこに「戻ってくる」のか。**

答　身体的現実。

⑤ **「それ」とはどういうことか。**

考え方　インターネットに関する知識やそれを活用する能力だけが「情報リテラシー」なのではなく、情報の意味を主体的に考え、それを活用する力が必要である、といっているのである。

答　電子的空間と身体的現実との間の往復運動に、自分なりの軽快なリズムを見いだすこと。

9 **日常生活**《にちじょうせいかつ》**の「中**《なか》**から」**　自分の日常生活の身体的現実を通して、ということ。

課題

課題A

1 **「ここには二つの意味が含まれている。」（65・2）とあるが、「二つの意味」をそれぞれまとめてみよう。**

解答例　● 一つ目の意味＝メディアの発達により、空間的距離や時間的遅れが縮小され、世界で起こっているできごとを簡単に知ることができるようになったという意味。

●二つ目の意味＝膨大な情報にさらされていながら、情報を既製品のカタログのようなものとして経験し、人間どうしの出会いも一定の手続きに変えられてしまい、人々は情報ネットワークの中に安住するようになってしまったという意味。

2 「情報に意味を与えるのはこの身体を通してしかありえない」（68・2）とはどのようなことか。次の文を手がかりに考え、具体例を交えて説明してみよう。

●「『旅』とは身体がリアルな時空間の中を運動することであり、その運動を通して世界を経験することである。」（65・10）

●「すなわち人々は、外の世界『について』の言葉やシンボルを操作するのは巧みだが、自分の世界『の中で』それらを意味づけようとはしない。」（67・4）

解答例 現在のメディア環境において、私たちは情報を身体の運動なしに獲得している。しかし、その情報は、単なる知識のままで、自分自身で検証することはない。かつて人間は、身体がリアルな時空間の中を運動する「旅」によって世界を経験し、情報を得てきた。「旅」には、「不便さ」や「効率の悪さ」が時に存在するが、その「不便さ」や「効率の悪さ」が、かえって情報の意味を考える猶予を与え、自分自身の問題として検証することを可能にしたのである。すなわち、私たちは、「旅」のような身体の運動（身体的現実）を通してのみ、情報に意味を与えることができるのだ、ということ。

課題B

1 私たちの生きる世界は、インターネットやソーシャル・ネットワーキング・サービス（SNS）の普及によって、広くなったのか、狭くなったのか。話し合ってみよう。

考え方 「世界が、とても狭くなってしまった」という筆者の主張をふまえて、メディアの発達した現在について考えてみよう。「広くなった」というプラス面も考えられるだろう。

語句

「逆説」の例としてどのようなものがあるか、調べてみよう。

解答例 「かわいい子には旅をさせよ」「急がば回れ」「負けるが勝ち」

▼漢字を書いて確認しよう 重要漢字

①国会で証人をカンモンする。（　）
②ミゾウの大洪水に見舞われた。（　）
③チャンピオンへの挑戦権をカクトクする。（　）
④ボウダイなページ数の本を読む。（　）
⑤父のスーツはキセイヒンだ。（　）
⑥タクみな話術でみなを笑わせる。（　）
⑦壁にワズかなひび割れが生じる。（　）
⑧一日のユウヨを願う。（　）
⑨評判倒れのタイクツな映画だった。（　）
⑩幼児の頃のナツかしい思い出がよみがえった。（　）
⑪志望校合格の喜びにヒタる。（　）
⑫父のもとにヒンパンに客が訪れる。（　）

答
①喚問 ②未曾（曽）有 ③獲得 ④膨大 ⑤既製品 ⑥巧 ⑦僅 ⑧猶予 ⑨退屈 ⑩懐 ⑪浸 ⑫頻繁

教科書P.70〜71

学びを広げる　情報社会について考える

語句の解説

教71ページ

図4嗜好《しこう》　好み。
図5履歴《りれき》　ここでは、コンピュータにおける使用記録のこと。
図5漏《ろう》えい　ここでは、秘密などがもれること。
図5コンピュータウィルス　コンピュータで、電子メールなどを介して入り込み、ファイルの破壊などを行うプログラムのこと。
図5架空請求《かくうせいきゅう》　実際には利用していないのに行われる請求。
図5電子決済《でんしけっさい》　電子的なデータを送受信することで行う売買取引。

課題①

この単元の三つの文章を読み比べ、それぞれの文章は現代の情報社会をどのように捉えているか、考えよう。

考え方　それぞれの文章が、何をテーマとし、どのような意見を述べたものであったかを考え、比較する。筆者の主張については、最終段落を中心に見るとよい。

①「ネットが崩す公私の境」
・テーマ…インターネットにおける著者と読者
・主張…誰もが著者になる時代で、プライベートとパブリックの境が溶け落ちることに関する懸念。

②「『選べる社会』の難しさ」
・テーマ…コミュニケーション・メディアの影響
・主張…「選ばざるをえない」ことの困難さを理解すること。

③「情報と身体」
・テーマ…メディアの発達による世界の変容
・主張…メディアとの付き合い方・距離感を見直すこと。

課題②

次の統計資料を参考に、現在の情報社会の課題や可能性について、自分の経験をもとに話し合ってみよう。

考え方　図1〜5について、どのようなことがわかる資料かを理解した上で、現在の情報社会の課題や可能性として読み取れることをまとめる。それぞれの図では以下のようなことに注目し、自分の経験と結びつけて話し合うとよい。

・図1　出版物の推定販売金額の推移
金額のピークの年数、「雑誌」「書籍」「電子書籍」についてのデータの解析。
・図2　新聞の発行部数と普及度の推移
「部数」と「普及度」の数値の推移とその関係性。
・図3　インターネットの利用状況の推移
数値の変化の度合い。
・図4　ソーシャルネットワーキングシステム（SNS）の利用目的
項目ごとの数値の特徴、「平成29年」と「平成30年」の比較。
・図5　インターネット利用で感じる不安の内容
項目ごとの数値の特徴、「平成29年」と「平成30年」の比較。

四 言葉を見つめる

辞書は生きている

飯間《いいま》浩明《ひろあき》

教科書P.74～79

●教材のねらい

・国語辞典に載っている言葉とはどのようなものかを読み取る。
・現代で用いられている言葉の意味や使い方について考える。
・新語の作られ方について考える。

●要　旨

国語辞典にはさまざまなものがあり、それぞれにいいところがある。国語辞典に載っている言葉には、「やばい」などのように、教科書には出てこないがふだん使う言葉や、知っておくと会話で役立つ言葉も多く収録されている。現代では、「オケる」「神る」「学割る」などの新語も生まれている。

●段　落

一行アキによって、三つの段落に分けられている。

一　教p.74・1～p.75・6　国語辞典の特徴
二　教p.75・7～p.77・16　「やばい」という言葉
三　教p.78・1～14　「学割る」という言葉

段落ごとの大意と語句の解説

第一段落　教74ページ1行～75ページ6行

国語辞典にはさまざまなものがあり、語句についての説明もさまざまなので、役に立つ部分が違う。

教74ページ

1 **一口《ひとくち》に国語辞典《こくごじてん》といっても**　ここでは、「国語辞典」とまとめていっても、という意味。
「一口に……といっても」＝まとめて……といっても。

9 **まあ、待《ま》ってください**　直前の段落の、辞書Aよりも「ねこ」についての説明がより詳しい辞書Bを買ったほうがいいという結論を留保する言葉。

教75ページ

5 **国語辞典《こくごじてん》によって、役《やく》に立《た》つ部分《ぶぶん》が違《ちが》う**　「ねこ」という言葉についての説明は辞書Bのほうが詳しかったが、「かたい」という言葉についての説明は辞書Aのほうが詳しかったことから、国語辞典は、言葉によってわかることが違っているということを述べている。

第二段落　教75ページ7行〜77ページ16行

「やばい」は、明治時代には危険な場面で使われていたが、今は「すばらしい」「感動や感激が強すぎて危ない」という場面でも使われている。このような、教科書には出てこないがみんながふだん使う言葉や、知っておくと会話で役立つ言葉を国語辞典は載せている。

8**それより多《おお》くの人《ひと》が言葉《ことば》に変身《へんしん》したと考《かんが》えれば**　大人用の小型辞典に載っている六万〜九万語を、東京ドームの収容人数である五万人という数と比べている。

教77ページ

3**たずさわっている**　ここでは、国語辞典の編集あるいは執筆に関係していることを表している。

6**意外《いがい》に、長《なが》く使《つか》われている言《い》い方《かた》なんですね**　「大人から『そんな言葉、使ってはだめ。』と言われ」(75ページ13〜14行)るような、新しい言葉のように思われているが、という意味を含んでいる。

9**混乱《こんらん》する大人《おとな》もいる**　「やばい」という言葉は、明治時代は犯罪者が危険な場面で使っていたが、ミュージシャンは一九八〇年代から同じ言葉を褒める意味で使っていた。後者の意味での使い方が多くの人に広まっていき、現代では二つの意味が含まれる言葉となっている。「混乱する大人」というのは、「やばい」は犯罪者が自分にとって悪いことに使っていたのに、「すばらしい」のように、自分にとっていいことにも使うようになったため混乱している大人ということである。

10**「やばい」の説明《せつめい》が……おもしろいと思《おも》いませんか**　後の部分にあるように、「国語辞典が学校の……載せなくていいはず」なので、国語辞典というものが「おもしろい」と言っている。

14**こんな言葉《ことば》**　「みんなが使うようになった話し言葉」(77ページ13行)を指す。具体的には、「まじ」「うざい」「がち」「めっちゃ」「はんぱない」などである。

第三段落　教78ページ1〜14行

「名詞＋る」の形の動詞があるが、「学割る」は、「がくわりる」ではなく「がくわる」と読み、「割」の部分を活用して「割る」に変えた新語であった。「学割」が「学生割引」の略語であることから考えると、「割」が動詞の意味を取り戻したことがわかる。

教78ページ

6**私《わたし》は軽《かる》く驚《おどろ》きました**　「学割」の「割」の部分を活用していることに驚いたのである。驚いた理由については、直後の段落で、「学割」が単純な名詞ではなく「学生割引」の略語であり、「割」の動詞の意味は薄れていたということが説明されている。この「割」が、「学割る」という言葉では動詞の意味を取り戻したことに、筆者は驚き、「すごい」と思ったのである。

12**「学割《がくわり》」という言葉《ことば》の中《なか》で眠《ねむ》っていた動詞《どうし》の血《ち》**　「学割」の元の言葉である「学生割引」の「割」が、もともと動詞の意味をもっていたことを表している。

課題

課題A

1 「まじ」「うざい」「がち」「めっちゃ」「はんぱない」の意味、使用例について調べてみよう。

考え方 設問であげられているのは、「みんなが使うようになった話し言葉」(77ページ13行)である。これは、直前で説明されている「やばい」と、「教科書には出てこない」(77ページ10行)ような言葉として、同じ仲間に入るものであるといえる。できるだけ、複数の国語辞典を使って調べてみるとよいだろう。使用例については、自分の経験もふまえて考えよう。

解答例 「まじ」
・意味…本当・本気である様子。
・使用例…幽霊を見ただなんて、まじな話だとは思えない。
「うざい」
・意味…うるさい。わずらわしい。
・使用例…伸びた前髪がうざい。
「がち」
・意味…本気で。真剣に。
・使用例…この大会には、がちで優勝を目指して挑んだ。
「めっちゃ」
・意味…たいへん。とても。
・使用例…先日読んだこの本は、めっちゃおもしろい。
「はんぱない」
・意味…徹底的である様子。
・使用例…彼の好きなアイドルにかける情熱ははんぱない。

2 「名詞＋る」の例をあげてみよう。

考え方 「名詞＋る」は動詞で、本文では、「カラオケをする」という意味の「オケる」(「オケ」＋「る」)、「神の域に達する」という意味の「神る」(「神」＋「る」)という例があげられていた。これらを参考にして、どのような言葉があるか探してみよう。

解答例 告る(告白する)、事故る(事故に遭う)、メモる(メモをとる)

課題B

1 気になる言葉について、複数の国語辞典を読み比べ、気づいたこと、おもしろかったことを話し合ってみよう。

考え方 話し言葉として浸透しているが、意味が曖昧であったり場面によって違った意味になったりするものなどを選ぶとよい。

語句

「神」を使った慣用句にどのようなものがあるか、調べてみよう。

解答例 神も仏もない・神かけて

▼漢字を書いて確認しよう　重要漢字

① 片付けを手伝った弟をホめる。（　）

答　①褒

アガルとノボル

柴《しば》田《た》武《たけし》

教科書P.80〜84

● 教材のねらい

・言葉の意味の違いについて、用例をもとに理解する。
・言葉の使い方について考える。

● 要旨

アガルとノボルは〈上の方に移動する〉という意味の類義語であるが、用例をあげて二語を比較してみると、アガルは〈結果〉が見えている移動、ノボルは〈経過〉が見えている移動という違いが見えてくる。アガルは、〈上の方へ移動して、ある所に到達している〉ことが核となる意味であり、ここから、〈終わる〉〈できあがる〉〈終わって後がない〉ことという意味が派生している。また、〈経過〉が伏せられると、出てくる〈結果〉は〈突然の出現〉と受け取られ、それもアガルの派生した意味となった。

● 段落

内容によって、四つの段落に分ける。

一　教p.80・1〜p.81・2　アガルとノボルの意味の違い①
二　教p.81・3〜p.82・4　アガルとノボルの意味の違い②
三　教p.82・5〜16　アガルとノボルの意味の違い③
四　教p.83・1〜13　アガルの核になる意味

段落ごとの大意と語句の解説

第一段落　教80ページ1行〜81ページ2行

アガルとノボルは類義語で、ともに〈上の方に移動する〉ことであるが、「富士山」の例から、ノボルことができてもアガルことができない場合があるとわかる。「屋上」を例に、意味の違いを考えると、アガルは〈結果〉が見えている移動、ノボルは〈経過〉が見えている移動らしく思われる。

教80ページ

8 **場面《ばめん》が違《ちが》う**　直後にあるように、「屋上にアガル」では、人はすでに屋上にいるが、「屋上にノボル」では、人は屋上への梯子《はしご》の途中にいる。

教81ページ

2 **ひとまずそう考《かんが》えて**　急いで結論を出さないということ。

第二段落　教81ページ3行〜82ページ4行

「川をアガル」とは言えず、「花火がノボル」とは言えない。このようなことは、日本語で育ってきた者なら自分の頭で考えることができる。

①　「右の仮説」とは、具体的にどういうことか。

答 アガルは〈結果〉が見えている移動、ノボルは〈経過〉が見えている移動を意味しているということ。

8 **なるほど** ここでは、確かに、という意味。

12 **こういうこと** 「『川をアガル』とは言えない」「『花火がノボル』とは言えない」ということ。

教82ページ

3 **もし、……用意《ようい》すればいい** 「うなぎノボリに」の部分が〈経過〉について説明している。

第三段落 教82ページ5～16行

〈上の方〉について、物理的ではないものについて考察すると、〈結果〉と〈経過〉のどちらに焦点をおいているか、〈経過〉が隠されているかいないかの違いがあることがわかる。

❷ 「必ずしも物理的な上方に限らない。」とは、具体的にどういうことか。

答 立場が上位であることなど、抽象的な〈上の方〉も含まれるということ。

9 **生理的《せいりてき》** ここでは、身体の機能に関することを表す。

9 **焦点《しょうてん》** ここでは、最も注目するポイントという意味。

16 **いきさつ** 物事の事情。

第四段落 教83ページ1～13行

アガルは、〈上の方へ移動して、ある所に到達している〉という意味が核になっており、ここから、〈終わる〉〈できあがる〉〈終わって後がない〉という意味が派生している。また、移動の途中で〈経過〉が伏せられると、出てくる〈結果〉は〈突然の出現〉と受け取られ、アガルの派生した意味となった。

教83ページ

9 **風采《ふうさい》** 人の容姿や服装などの様子。「風采が上がらない」で、ぱっとしないという意味で使われる。

11 **抽象化《ちゅうしょうか》** ここでは、「あがる」という言葉の九つの意味の共通点をまとめて表現すると、という意味。

＊「抽象」＝物事の性質や共通性などを引き出すこと。

対 具象・具体

課題

課題A

1 国語辞典で「アガル」「ノボル」を引いてみよう。どのような意味や使い方が説明されているか、いろいろな国語辞典を比べてみよう。

考え方 本文では、九つの具体的な文を用いた比較を通して、「アガル」と「ノボル」の意味の違いを考察していた。その際、「文を比べるのに、……他の部分は全く同じにしてある。また、一度に……比べていない」(81ページ14～16行)とあったことなども参考にするとよい。また、本文では、「アガル」については、九つの意味があり、これを抽象化した「〈上の方へ移動して、ある所に到達している〉」(83ページ11行)が核となる意味だとしていたことなどもふまえながら、複数の国語辞典で一語の意味を調べるとよい。

課題B

1 「アガルとノボル」を参考に、意味が似ているが使い方が異なる二つの言葉を探し、その意味や使い方について、国語辞典を調べて、発表してみよう。

例　サガル　オモウ　トオル　サワル
クダル　カンガエル　ツウジル　フレル

考え方　本文では、「アガル」と「ノボル」を比較し、その意味の違いについて、「アガルは〈結果〉が見えている移動、ノボルは〈経過〉が見えている移動」（81ページ1〜2行）という仮説を立てて、さらに具体的な場面について考察していた。例にあげられている「サガル」と「クダル」は、「アガル」と「ノボル」のこの仮説を当てはめてみることも、意味の違いを考える一つの方法だろう。

類義語であっても、一方の言葉を使うことができない場合があるような言葉を探し、どのような場面では共通して使うことができるのか、また、どのような場面ではいずれかの語しか使うことができないのかを、辞書で意味を調べながら整理し、具体的な文例をあげながら説明するとよい。例えば、「オモウ」と「カンガエル」なら、次のような例文があげられるだろう。

1 a　新しい企画をカンガエル。
b ×新しい企画をオモウ。

2 a ×彼の気遣いをうれしくカンガエル。
b　彼の気遣いをうれしくオモウ。

▼漢字を書いて確認しよう　重要漢字

① 歴史の表ブタイから消える。（　　）
② ショウテンを絞って話をする。（　　）
③ 押し入れに宝物をカクす。（　　）
④ ある事件から問題がハセイする。（　　）
⑤ チュウショウ的な絵画を鑑賞する。（　　）

答　①舞台　②焦点　③隠　④派生　⑤抽象

学びを広げる　オリジナル辞書を作ろう

教科書P.85

「オリジナル辞書作りの進め方」に従って、オリジナル辞書を作る。

1　「辞書は生きている」「アガルとノボル」であげられていた言葉を参考にして、「最近使われ出した言葉」「使われ方が変化してきた言葉」「興味深いと思う言葉」などを、その言葉の使われ方とともに調べる。

2　76ページの例や、他の辞書も参考にして、書き方を決める。語の読み方、表記、品詞などの要素もおさえるようにするとよい。

3　自分の作った辞書との違いに注目しながら、長所だと思える点や、改善点などを指摘し合う。

4　推敲《すいこう》のポイントとしては、文章や内容のわかりやすさなどの他、「アガルとノボル」にもあったように、その言葉の核となる意味、そこから派生した意味などの分類の示し方の工夫などが考えられる。

五　ワールド・カフェ

大切な会話――ワールド・カフェへの招待

アニータ・ブラウン＆デイビッド・アイザックス／香取一昭・川口大輔訳

教科書P.90〜96

●教材のねらい

・会話が果たす役割について考える。
・「ワールド・カフェ」の仕組みとその価値について読み取る。

●要旨

私たちは、集団的な苦境を捉え、それにどう対応すべきかについて、世界規模で連携した会話と行動をとる能力を手に入れた。今、私たちはそのような会話をより広い範囲で世界規模に行う必要がある。ワールド・カフェには、知識を共有して、ともに未来を形づくるための集団的な能力を向上させる七つの中核的なデザイン原理がある。ワールド・カフェの会話をとおして、共に考え、コミュニティのつながりを強め、知識を共有することで、イノベーションを引き起こすために、私たちが自然に行う自己組織化のプロセスを体験することができ、生きた力としての会話の重要性が認識できる。

●段落

小見出しで二つの大段落に分けられるが、内容によって四つの段落に分ける。

一　教p.90・1〜p.91・11　世界規模の会話の必要性
二　教p.91・12〜p.92・4　ワールド・カフェとは
三　教p.93・1〜p.95・8　ワールド・カフェの会話
四　教p.95・9〜14　ワールド・カフェの会話の価値

段落ごとの大意と語句の解説

第一段落　教90ページ1行〜91ページ11行

私たちはコミュニケーション・ネットワークや情報共有によってお互いにつながり合い、集団的な苦境を目にすることができるようになり、今何が起こっているのか、それにどう対応すべきかについて、世界規模で連携した会話と行動をとる能力を手に入れた。今私たちは、そうした会話をより広い範囲で世界規模に行う必要がある。人類コミュニティとして私たちが生存していけるかどうかは、次の二つの質問に対する創造的な反応に委ねられている。

・私たちが直面している課題についてともに深く話し合い、一緒に考えることのできる能力の高め方。
・革新的な道を創造するために、お互いの知性や知恵にアクセスし合う方法。

教90ページ

3**そのプロセス**　未来についての物語やイメージについて、会話をしていく中で、ということ。
「プロセス」＝過程。

3**生活《せいかつ》を依存《いそん》する地球《ちきゅう》という共有地《きょうゆうち》をないがしろにする**　地球環境に配慮しないということ。

10**集団的《しゅうだんてき》な苦境《くきょう》**　地球の汚染や戦争などを含む、地球上で起こっている困難な状態を指す。

教91ページ

3**そうした会話《かいわ》**　地球上で起こっている問題について交わされる、世界規模で連携した会話。

3**いかなる組織《そしき》や政府《せいふ》……公《おおやけ》な保護《ほご》も受《う》けていません**　個人の責任の下で自由に交わされるものだということ。

4**ローカル**　ここでは、「グローバル」に対して、局地的な、という意味。

5**人類《じんるい》コミュニティ**　人類を共同体と捉えている。

10**革新的《かくしんてき》**　物事を改め、新しくしようとするさま。

11**アクセス**　ここでは、情報などを利用すること。

第二段落　教91ページ12行〜92ページ4行

大切なテーマについての会話を実施したい人なら誰でも、ワールド・カフェのプロセスをスタートできる。ワールド・カフェでは、知識を共有するために七つの中核的なデザイン原理を使う。ワールド・カフェが導き出す会話は、私たちの組織やコミュニティの深いところで機能しているつながりのパターンに気づかせてくれる。

教92ページ

3**それを通《つう》じて……形《かたち》づくってきた**　目に見えない会話と意味づけのネットワークを通じて、私たちは組織やコミュニティの未来をともに形成してきたということ。

表2**コンテクスト**　文脈。

表5**もてなしの空間《くうかん》**　「個人的な快適さ」と「お互いを尊重する気持ち」を育むことができる環境。「心理的な安心感」を確保することが目的となっている。

表9**協働《きょうどう》**　一つの目的に向かって、共に働くこと。

表12**参画《さんかく》**　計画などに加わること。

表14**多様《たよう》な視点《してん》を他花受粉《たかじゅふん》させて**　異なる視点をつなげて。中核的な質問への共通の関心を高め、多様性を確保する。

表17**ダイナミズム**　ここでは、力強さ、の意。「生体システム」については、95ページの「生命システム理論」の脚注を参照。

表17**創発《そうはつ》**　局所的な相互作用によって全体に影響が及び、全体がそれを構成している要素に影響を及ぼすこと。それによって、新しい秩序が生じる。

第三段落　教93ページ1行〜95ページ8行

ワールド・カフェの会話は、人々が最も困難だと感じる課題に対してさえも、対処できる知恵と創造性をもっていることを前提としている。参加者は、相手を変えながら何回かダイアログを重ねていく中で、グループの集合的な知恵にアクセスしやすくなり、行動のための革新的な可能性が生まれる。ワールド・カフェの七つの原理を使えば、知識をすぐに増やす「会話の温室」をつくったり、大切な会話に焦点を与え、会話の質を向上させたりすることもできる。

教93ページ

2 **ワールド・カフェの会話《かいわ》は……設計《せっけい》されています**　人々は課題に対処できる知恵と創造性をもっており、そのため「最も困難だと感じる課題」に対してさえもワールド・カフェの会話は対処できるということ。

4 **そのプロセス**　ワールド・カフェの会話のプロセス。

6 **それは同時《どうじ》に……参加《さんか》していることでもある**　「それ」は直前の三～四人の参加者による何回かのダイアログを指し、そのダイアログが、ひとつの会話に結びついているということを述べている。そのように述べる理由として、直後から、「少人数の親密な会話が……真に大切な質問や課題についての新しい洞察を発見していく」（93ページ9～11行）という、ワールド・カフェの会話の流れが説明されている。

8 **アイディアという花粉《かふん》が他《た》の花《はな》へ受粉《じゅふん》され**　92ページにある「ワールド・カフェの7つの原理」の⑤の部分の表現を受けたもの。具体的には、参加者のアイディアが他者に伝えられることを表している。

11 **洞察《どうさつ》**　物事について観察を行い、その本質を見抜くこと。

---

12 **全体《ぜんたい》としての感覚《かんかく》が次第《しだい》に強《つよ》くなって**　大切な質問や課題に対して理解が進み、敏感になるということ。

13 **行動《こうどう》のための革新的《かくしんてき》な可能性《かのうせい》**　課題にどう対処するかという点において、それまでにはなかった新しい反応が生じる可能性があるということを述べている。「創造的な反応」（91ページ6行）に通じるもの。

15 **通常《つうじょう》の会話《かいわ》（私《わたし》たちを……内容《ないよう》のもの）**　「大切な会話」とは対照的なものとしてあげられている。「私たちを過去に縛りつけ」は、「革新的な可能性」（93ページ14行）とは真逆の内容である。

教94ページ

表2 **無秩序《むちつじょ》**　整っていないさま。

表6 **探求《たんきゅう》**　あるものを探し求めること。同音異義語の「探究」は物事の本質を見極めること。

教95ページ

2 **ワールド・カフェの七《なな》つの原理《げんり》**　92ページの表で、具体的な内容が示されている。「知識を共有して、……集団的な能力を向上させるため」（91ページ13～14行）のものである。

❶ 「会話の温室」とは何か。

答　行動に移すことのできる知識をすぐに増やすことができる会話の場。

4 **これらのデザイン原理《げんり》の効果《こうか》**　カフェの集会において、通常の会話が大切な会話に変化し、その会話で、人々が心から気にかけている状況に関連した深い集合的理解や、物事を前に進めようとする動きが現れること。また、ワールド・カフェの七つの原理を組み合わせて使った際に、「会話の温室」をつくり出せること。

4**イベント**　ここでは、催しのこと。

7**叡知**《えいち》　優れた知恵。

第四段落　教95ページ9〜14行

ワールド・カフェの会話は、イノベーションを引き起こすために、私たちがごく自然に行う自己組織化のプロセスを体験させ、また、生きた力としての会話の重要性を明確に認識させる。そうして私たちは、より意図的に会話の力を活用することができる。

10**イノベーションを……自己組織化**《じこそしきか》**のプロセス**　組織やコミュニティで機能しているものについて述べられている部分の、「目に見えない会話と意味づけのネットワーク」(92ページ3行)を通じて「私たちは意図することなく、集合的に未来を形づくってきた」(92ページ4行)ことにも通じる内容。

11**生**《い》**きた力**《ちから》**としての会話**《かいわ》　会話によって、深い集合的理解や物事を前に進めようとする動きが現れてくるなどの、ワールド・カフェの「デザイン原理の効果」(95ページ4行)が得られることから、会話が「生きた力」をもつという表現になっている。

13**カフェの会話**《かいわ》**は……実践**《じっせん》**に応用**《おうよう》**する**　カフェの会話は、相互作用のネットワークとして機能するということ。

課題

課題A

1 **「集合的な知恵」(93・13)とはどのような知恵のことか。次の言葉を手がかりに考え、説明してみよう。**

・「ワールド・カフェの会話は、……前提として設計されています。」(93・2)

考え方　「集合的な知恵」とは、ワールド・カフェで会話を行うことによってアクセスしやすくなるものとしてあげられている。手がかりとして示されている部分は、ワールド・カフェの会話の前提を述べたものとなっている。これに加えて、会話の効果について具体的に説明されている、「参加者が……会話が積み上がっていきます」「彼らの生活や職場、……洞察を発見していくのです」「新しいつながりのネットワークが……次第に強くなっていきます」(93ページ8〜13行)の内容を読み取ってまとめる。

解答例　大切な課題について、参加者個人がもっている知恵や創造性が、ワールド・カフェの会話をとおして結びつき、共有されたもの。

2 **筆者のいう「大切な会話」とは、どのような会話のことか、説明してみよう。**

考え方　「大切な会話」に関連した言葉を本文の中から探すと、①「大切なテーマについての会話」(91ページ12行)、②「大切な会話」(93ページ16行・95ページ5行)が見つかる。①の「大切なテーマ」とは、「ローカルにもグローバルにも、……いけるかどうか」(91ページ4〜5行)ということを決めるであろう質問を受けたものであり、②は、「人々が……動き」(93ページ16行〜95ページ2行)を出現させるものである。これらの内容からわかることをまとめるとよい。

解答例　私たちの人類コミュニティとしての生存に関わる会話や、人々が心から気にかけている状況に関連した問題に関わる会話。

課題B

1　**コミュニケーション・ネットワークの発達によって目に見えるようになった「私たちの集団的な苦境」(90・10)について、話し合ってみよう。**

考え方　「集団的な苦境」については、同じ段落内に、「私たちは、生活を……変える能力をもっ」たとあることや、「暴力と……滅亡させることのできる力も手に入れ」たとあることから、環境破壊、戦争、核兵器などの例が思い浮かぶだろう。メディアを使ったコミュニケーション・ネットワークや情報共有によって、私たちはかつてないほどつながり合い、それまでは不可能であった「集団的な苦境」について知るということができるようになった。また、それに対応することができるようになった、という筆者の主張をふまえて、話し合うとよい。

学びを広げる　ワールド・カフェをやってみよう

教科書P.97〜103

語句の解説

教99ページ

8 **端的《たんてき》**　明確であるさま。

教103ページ

下10 **謝辞《しゃじ》**　ここでは、感謝を表す言葉。

課題①　私たちの身近な問題の中から、問題解決に向けて話し合うべき「大切なテーマ」(91・12)を発見し、発表しよう。

考え方　設問にもあるように、「身近な問題」をあげていくとよい。101ページからの「ワールド・カフェの実際」では、「近所の外国人と仲良く暮らすには」という問題をあげているが、このように、「身近な問題」であり、かつ、参加者の誰にとっても関わりのありそうな問題を考えるとよいだろう。

なお、「問題解決に向けて話し合う」とあるが、これは、98ページの〈留意点〉にもあるように、「急いで問題解決したり、……合意形成したりすることを目的とするものではない」ということが重要であるので、必ずしも答えを導き出せる問題である必要はないということをおさえておく。

課題②　1で見出された「大切なテーマ」の中から一つを選んで、ワールド・カフェを開催してみよう。

考え方　「ワールド・カフェの進め方」の手順や、101ページからの「ワールド・カフェの実際」を参考にして、ワールド・カフェを開催する。その際、特に、98ページの〈留意点〉にある内容や、92ページにある「ワールド・カフェの7つの原理」の内容をおさえておく必要がある。

六　思考の枠組みを広げる

「見える文化」／「見えない文化」

原《はら》沢《さわ》伊《い》都《つ》夫《お》

教科書P.108〜111

●教材のねらい

・「見える文化」と「見えない文化」とはどのようなものか、筆者の主張を読み取る。

・異文化理解について考える。

●要　旨

文化を説明するとき、文化を海の中を漂う氷山にたとえ、海の上に出た見える部分を「見える文化」、海面の下にある見えない部分を「見えない文化」とする、文化の氷山モデルがよく使われる。文化を考えるとき、多くの人は「見える文化」を想像するが、「見える文化」と「見えない文化」は表裏一体のものであるといえる。

●段　落

内容によって二つの段落に分ける。

一　教 p.108・1〜p.109・6　文化の氷山モデル

二　教 p.109・7〜p.110・9　文化の両面

段落ごとの大意と語句の解説

第一段落　教108ページ1行〜109ページ6行

文化を説明するとき、文化を海の中を漂う氷山にたとえ、海の上に出た見える部分を「見える文化」、海面の下にある見えない部分を「見えない文化」とする、文化の氷山モデルがよく使われる。文化を考えるとき、多くの人は目に見えるものを想像する。

教108ページ

7 **富士山《ふじさん》、歌舞伎《かぶき》、……「見《み》える文化《ぶんか》」**　日本文化のうち、物質など形として見えるものが列挙されている。

8 **武士道《ぶしどう》、わび／さび……目《め》に「見《み》えない文化《ぶんか》」**　日本文化のうち、精神的なもの、形のないものが列挙されている。

「わび／さび」＝質素な中に奥深さや豊かさを見出す美意識のこと。

＊「あうん」＝呼吸。相対する二つのもの。ここでは、「あうんの呼吸」で、複数の人が一つのことをする際に気持ちが合うという意味を表す。

教109ページ

2 **皆《みな》さんが思《おも》い浮《う》かべた文化《ぶんか》**　108ページにある、本文の冒頭でなされた文化を三つ、思い浮かべてくださいという問いを受けている。

3 **この「見《み》える文化《ぶんか》」**　「富士山、歌舞伎、……アニメなど」（108ページ7行）を指す。

4 **もし、これまでに……文化《ぶんか》に対《たい》する認識《にんしき》がかなり高《たか》い**　ほとんどの人は日本文化に「見える文化」をあげる。それに対し、異文化コミュニケーションについての知識が少ないのに、無意識であっても、「見えない文化」をあげた人に対してこのようにいっている。

「異文化コミュニケーション」＝自分とは価値観や社会的立場などが異なる相手との交流。

第二段落　教109ページ7行〜110ページ9行

「見える文化」と「見えない文化」は表裏一体であるといえる。例えば、「大相撲」は、格闘技である点で「見える文化」であるが、伝統的なしきたりが存在するという点では「見えない文化」に属するともいえる。一つ一つの文化自体に「見える文化」と「見えない文化」の両面があると考えることができる。

❶ 「『見える文化』と『見えない文化』は、表裏一体である」とはどういうことか。

答 「見える文化」と「見えない文化」には密接な関係があって、切り離して考えることができないということ。

7 ＊**表裏一体《ひょうりいったい》**　二つのものが密接な関係にあり、切り離すことができないこと。

教110ページ

1 **格闘技《かくとうぎ》**　組み合ったり打ち合ったりして、勝敗を決める競技。大相撲のほかにも、柔道、ボクシング、レスリングなどがある。

2 **伝統的《でんとうてき》なしきたりが存在《そんざい》する**　大相撲は、歴史を遡ると、『古事記』に描かれた力比べが起源であるという説もある。平安時代には宮中の行事ともなっており、五穀豊穣《ごこくほうじょう》、天下泰平を祈る神事であったものが、日本の国技として発展した。力士の塩まきや四股《しこ》には邪気を払うという意味もあり、ただのスポーツとは呼べない一面があると考えられている。

3 **女性《じょせい》の内閣官房《ないかくかんぼう》長官《ちょうかん》が……拒否《きょひ》されるという事件《じけん》**　土俵には伝統的に女性が乗ってはならないというしきたり（＝「見えない文化」）がある。

「内閣官房長官」＝内閣総理大臣の補佐を務める役職。

「贈呈《ぞうてい》」＝物を贈ること。

「日本相撲協会」＝相撲興行団体。相撲競技の指導や普及などに努めている。

5 **ガッツポーズ**　拳を握った手を突き上げるしぐさ。スポーツなどで勝利した際に見られることが多い。

6 **横綱《よこづな》の品位《ひんい》を欠《か》くと批判《ひはん》されたのも……端《たん》を発《はっ》しています**　横綱は、大相撲の力士の最高位であり、横綱への昇進の条件として、その地位や社会に対する責任感が求められていることからも、相撲の勝敗以外に、その言動に関して、品位が問題視されることがある。

「品位」＝気高さ。品格。

＊「端を発する」＝物事が始まるきっかけとなる。

8 **一つ《ひと》一つ《ひと》の文化《ぶんか》自体《じたい》に……両面《りょうめん》がある**　108ページの日本文化についての「見える文化」と「見えない文化」の説明では、「富士山、歌舞伎、……アニメなど」を「見える文化」、「武士道、わび／さび、……他人への思いやり」を「見えない文化」と分類していたが、ここでは、直前の「大相撲」の例のように、一つの文化について、「見える文化」と「見えない文化」があるということを述べている。

課題

課題A

1 **「見える文化」と「見えない文化」が「表裏一体」となっている具体例をあげ、「氷山モデル」の図を使って説明してみよう。**

考え方　「見える文化」と「見えない文化」が「表裏一体」であることについては、本文では「大相撲」を例にあげて説明していた。同様に、思いつく文化について、二つの面を探っていく。

例えば、教科書108ページにあげられている日本文化の一つ、「富士山」を例にあげるとすれば、「富士山」とはどのようなものかについて調べ、わかったことを箇条書きにしていく。①「日本を象徴する山である。」、②「世界文化遺産に登録された。」、③「信仰の対象となっている。」という項目があるとしたら、この項目の中で、どれが「見える文化」としての一面で、どれが「見えない文化」の一面であるのかというふうに考えていく。

「氷山モデル」を使って説明するときには、109ページの図の「見える文化」と「見えない文化」それぞれの部分に、項目の内容を書きこんだ付箋を貼るなどして示すと、わかりやすくなるだろう。

課題B

1 **「見えない文化」を意識することが重要になるのはどのような場面か。「大相撲」の例を手がかりに話し合ってみよう。**

考え方　「大相撲」の「見えない文化」としては、「女性の内閣官房長官が……拒否されるという事件」（110ページ3～4行）、「外国出身横綱の……批判された」（110ページ5～6行）ということがあげられていた。これらは、「事件」「批判」とあるように、そのことを人々が問題視したということがうかがえる。なぜ人々がそれらを問題視したのかという理由について考え、「見えない文化」を意識することが重要になるのはどのような場面といえるのか、自分の考えをまとめ、意見交換をしよう。

▼漢字を書いて確認しよう　重要漢字

① センサイな模様がついた皿。（　　）

② 記念品をゾウテイする。（　　）

答　①繊細　②贈呈

ありのままの世界は見えない

田中真知《たなかまち》

教科書P.112～118

教材のねらい

・本文中に紹介されている三つの話のはたらきをおさえた上で、どのように論理が展開されているかを捉える。

・「ありのままの世界は見えない」という主張をとおして、筆者が述べようとしていることを理解する。

要旨

ありのままの世界とは、どこにも切れ目も境界もない連続体であり、認識しようのないものである。この連続体である世界に切れ目を入れ、文化や環境に基づいた約束ごとをあてはめ、理解可能なものにすることで、人は初めて「見る」ことができるのであって、ありのままの世界を見ることはできないのである。

段落

筆者の主張の展開によって四つの段落に分ける。

一　教p.112・1～p.113・2　見ている世界を決める要因

二　教p.113・3～p.114・10　約束ごとを知らなければ見えない

三　教p.114・11～p.116・12　ありのままの世界は認識できない

四　教p.116・13～p.117・3　「見る」という行為の意味

段落ごとの大意と語句の解説

第一段落　教112ページ1行～113ページ2行

見ている世界は知覚の枠組みだけでは決まらない。嗅覚の鋭いイヌが関心のある匂いだけを感知しているように、同じ風景を見ていても、文化や時代によって見え方が違うのは、人によって関心のもち方が異なるためである。

教112ページ

1 **知覚**《ちかく》　感覚器官によって、外界の事物を捉え見分けるはたらき。

視覚、聴覚、嗅覚、味覚、触覚など。

1 **鋭敏**《えいびん》　感覚が鋭い様子。

5 **感知**《かんち》　感じ取って知ること。気づくこと。

❶ 「これは人間も同じである」とはどういうことか。

答　「イヌはその鋭い嗅覚で……関心のある匂いには集中するが、そうでない匂いは無視している」ように、人間も関心によって世界を知覚していること。

第二段落　教113ページ3行～114ページ10行

同じ映画を見ても、映像の文法に慣れ親しんでいる人には見えるものが、そういう約束ごとを知らない人には見えない。このように、人間は自分たちの文化的な文脈の中にあるものしか見えないのである。

教113ページ

4 **衛生監視員《えいせいかんしいん》**　人々の生活が衛生的に営まれているかどうか、監督し指導することを仕事にしている人。

11 **いぶかしんだ**　不審に思った。

＊「いぶかしむ」＝不審に思う。あやしむ。

教114ページ

②　「文化的な文脈」とは何か。

答　その人が属している文化の中における生き方や考え方。

7 **映像《えいぞう》の文法《ぶんぽう》**　映像表現（映画など）での基本的な決まりごと。「文法」は、ここでは、ある分野の表現上の決まりや法則、の意。「生活の文法」（114ページ10行）の「文法」も同じ。

第三段落　教114ページ11行〜116ページ12行

セグロカモメのヒナは親を全体として見ておらず、必要な情報だけをパターン化してイメージを作りあげている。これは人間も同じで、ありのままの世界は、切れ目も境界もない連続体であり、約束ごとなしには認識しようがないものである。

13 **＊認識《にんしき》**　物事の性質などを理解すること。

15 **先天的《せんてんてき》**　生まれつき備わっているさま。生まれながらの。

教115ページ

2 **＊途方《とほう》もない**　程度や大きさが並はずれている。

5 **パターン化《か》して**　決まった型にあてはめて。類型化して。

6 **ありのままの世界《せかい》**　人間の意識とは無関係に存在する、現実世界そのもの。客観的実在。

16 **概念《がいねん》**　同類のものから共通性や一般性を捉えてつくられた表象。それを表す言葉（この場合は「人体」）の意味内容となる。

第四段落　教116ページ13行〜117ページ3行

「見る」とは連続体である世界に切れ目を入れ、文化や環境に基づく約束ごとやパターンをあてはめ、理解可能なものに変換することで成り立つ。人間は約束ごとに従ってつくりあげられた「世界」を見ているのであって、ありのままの世界を見ることはできないのである。

教117ページ

2 **「世界《せかい》」をつくる**　ここでいう「世界」とは、文化や環境といった約束ごとに従ってつくりあげられた「世界」のことであり、「ありのままの世界」とは別のものである。

課題

課題A

1　「人は、自分たちの文化的な文脈の中にあるものしか見えないのである。」（114・2）とはどういうことか。「白人の衛生監

視員」「村人」それぞれの場合に即して説明してみよう。

考え方 第二段落から、「白人の衛生監視員」「村人」それぞれに見えたものはどんなものだったか、また、なぜそれが見えたのかを文化的な背景から考える。

解答例 ●「白人の衛生監視員」＝この映画は、「映像の文法」を理解していた彼らが、彼らの「文化的な文脈の中」にある「衛生の大切さ」を説いたものである。そのため、彼らは映画の中に「衛生の大切さ」に関係するものしか見えなかったのだということ。

●「村人」＝彼らは「映像の文法」を知らないため、映画の筋については全く理解できなかった。唯一、ニワトリだけが彼らの「文化的な文脈の中」にあり、「生活の文法」で解釈できるものだったため、ニワトリしか見えなかったのだということ。

2 **本文中に紹介されたマーシャル・マクルーハン、ティンバーゲン、オリヴァー・サックスの話は、筆者の主張を展開する上でどのようなはたらきをしているか、考えてみよう。**

考え方 ①マーシャル・マクルーハン（第二段落）、②ティンバーゲン（第三段落）、③オリヴァー・サックス（第三段落）の話は、いずれも筆者の主張を展開するための具体例（根拠）である。それぞれの具体例によって、筆者がどういう主張を展開しているかをつかみ、そのはたらきを考える。

解答例 ①白人の衛生監視員たちが、村人たちに衛生の大切さを教える映画を見せたところ、村人たちにはニワトリしか見えなかったというマクルーハンの話によって、筆者は、人間は文化的な文脈の中にあるものしか見えない（例えば、映画の筋を理解するには、映像の文法を学習している必要がある）ことを示している。

②セグロカモメのヒナは、親鳥を全体の姿で認識しているのではなく、くちばし状の形とその先端にある赤い点として把握しているというティンバーゲンの話によって、筆者は、人間も他の動物も、ありのままの世界や自然を全体として認識しているわけではなく、必要な情報だけを取り出し、パターン化してイメージを作りあげていることを示している。

③先天的に目の見えなかった人が手術で目の機能を回復し、初めて目でものを見たときに、「何を見ているのかよくわからなかった」と語ったことを述べたオリヴァー・サックスの話によって、筆者は、「見る」とは脳が送られてきた信号に約束ごとやパターンをあてはめ、意味づけることである（そういう学習がなされた結果である）と述べている。

それぞれ、①何を見ているか（→文化的な約束ごとに従う）、②どのように見ているか（→必要な情報をパターン化する）、③どのようにして見えるようになるか（→脳が約束ごとやパターンをあてはめ、意味づける）を示す具体例である。まず具体例を示し、主張を述べるという展開で、全体をとおして「ありのままの世界は見えない」という結論を導き出すわかりやすい事例となっている。

3 **「ありのままの世界を、見ることはできない」（117・2）のはなぜか、筆者の考えをまとめてみよう。**

考え方 「ありのままの世界」をどうして認識できないのかを、筆者の考え（主に第四段落）に即してまとめる。

解答例　「見る」という行為は、切れ目も境界もない連続体の世界に、切れ目を入れ、文化や環境に基づく約束ごとやパターンをあてはめ、見る主体にとって理解可能なものに変換することで初めて成り立つ。しかし、「ありのままの世界」は、「見る」ための「約束ごと」を全て外した、切れ目も境界もない連続体であるので、「見ることはできない」のである。

課題B

1　**自分の体験を手がかりにして、「ありのままの世界は見えない」という筆者の主張について、どのように考えるか。話し合ってみよう。**

考え方　最終段落にあるように、「ありのままの世界は見えない」という主張は、言い換えれば、我々は文化や環境といった約束ごとに従ってつくりあげられた「世界」を見ている（そういう「世界」しか見えない）、ということである。人間は生まれてからずっと、全てがつながってごっちゃになっている世界（＝ありのままの世界）に、切れ目を入れ、約束ごとやパターンをあてはめ、自分にとって理解可能なものに変換するという学習を続けてきた結果、「見る」ことができるようになるのである。

　したがって、「見る」という行為が成り立つ背景には、その人の知識や経験、趣味や嗜好《しこう》などの個人的なものだけでなく、その人が置かれた環境や、属している文化や時代などが深く関わっている。

筆者が、第一段落で「文化や時代によって見える風景が違う」（112ページ7〜8行）と述べ、第二段落で「自分たちの文化的な文脈の中にあるものしか見えない」（114ページ2行）と指摘し、最終段落では「文化や環境といった……『世界』をつくる」（117ページ1〜2行）と述べているのは、「見る」という行為には文化や時代の枠組みがあることを示そうとしているのである。

　自分は今まで世界をどのように見ていたかを改めて思い返し、筆者のこのような主張に対する考えを述べる。

語句

次の漢字を使った熟語を調べてみよう。

・識　織　・換　喚

解答例　・意識　織物　・交換　喚声

漢字を書いて確認しよう　重要漢字

① 時代の変化をエイビンに感じ取る。（　　）
② 鼻づまりでキュウカクが鈍る。（　　）
③ 香水のニオいがする。（　　）
④ 違反行為がないか、カンシの目を光らせる。（　　）
⑤ 映画をサツエイする。（　　）
⑥ 甘いエサで釣る。（　　）
⑦ 国民生活の実情をハアクする。（　　）
⑧ 既成のガイネンを打ち破る。（　　）
⑨ カビンに花を生ける。（　　）

答　①鋭敏　②嗅覚　③匂　④監視　⑤撮影　⑥餌　⑦把握　⑧概念　⑨花瓶

コインは円形か

佐藤《さとう》信夫《のぶお》

教科書P.119～125

● 教材のねらい

・人間の認識一般について理解する。
・レトリックの積極的な意義を正確に読み取る。
・レトリック感覚の必要性について考察する。

● 要旨

レトリックとは、私たちの認識と言語表現の避けがたい一面性を自覚し、別の視点に立てば別の展望がありうるのではないかと探求する努力である。創造力と想像力の営みである。新しい視野を獲得するためにも、異なる文化との相互理解のためにも、レトリック感覚が必要とされている。

● 段落

一行アキによって、三つの段落に分けられている。

一 教p.119・1～p.121・1 コインは円形か
二 教p.121・2～p.122・6 有限で一面的な人間の認識
三 教p.122・7～p.124・10 レトリック感覚の意義

段落ごとの大意と語句の解説

第一段落 教119ページ1行～121ページ1行

ふだん私たちは、コインを丸いものとみなしている。「コインは円形だ。」という文はもっともだと思うが、「コインは長方形だ。」という文は、異様な発言をしているような気がする。それは、コインの《円形の面》からのつきあいのほうが、《長方形の面》からの接触より頻繁だからである。しかし、この二つの文は論理的には同格であり、どちらも省略的で、一面的である。

教119ページ

5 **自然《しぜん》に安定《あんてい》しやすい姿勢《しせい》** どちらかの平らな面が床や地面についている姿勢。

6 **人間《にんげん》の視線《しせん》の自然《しぜん》な角度《かくど》** 人間の目の位置から普通に見下ろす角度、ということ。

8 **承認《しょうにん》する** 正当であると認める。ここでは、文法的に正しいと認めるだけでなく、文の意味が事実であると認める、ということ。

教120ページ

1 **ものは試《ため》し** 物事は何でも実際にやってみなければ、その成否やよし悪しはわからない、ということ。

① 「まことに異様な発言をしているような気がする」のはなぜか。

答　コインの《長方形の面》からのつきあいのほうが、《円形の面》からの接触よりも頻度が低いため。

3 **異様《いよう》な**　普通と違っていて変に思われるさま。

7 **それ**　私たちのコインとのつきあいは、《円形の面》からのほうが《長方形の面》からの接触より頻繁だ、ということ。

7 **論理的《ろんりてき》に、二《ふた》つの面《めん》は同格《どうかく》だ**　私たちが「コインは円形だ。」というのは、コインの《円形の面》のほうが《長方形の面》より接触が頻繁であるだけであって、どちらもコインの一面を正確に捉えている。つまり、二つは同じ対象を視点を変えて捉えただけで、どちらも論理的には正しいということ。

「論理的」＝理屈に合っている様子。

＊「同格」＝ここでは、資格が同じであること、の意。

9 **認識《にんしき》する**　物事の本質を理解し、他のものとはっきり見分ける。

15 **論理的《ろんりてき》かつ実証的《じっしょうてき》な構成《こうせい》は、ほとんど等《ひと》しい**　「百円玉は円形だ。」「百円玉は長方形だ。」の論理的な構成、つまり、「百円玉」と「円形」、「百円玉」と「長方形」という二つの言葉の組み立ての論理的な質や程度は、ほとんど同等であり、実証的な構成、つまり、二つの文のそれぞれの意味と、経験的な事実との組み合わせも、ほとんど同等であるということ。

＊「実証的」＝経験的な事実によって明らかにするさま。

15 **どちらも省略的《しょうりゃくてき》で**　どちらも、どんな場合に「円形」や「長方形」に見えるのかを省略しているし、さらに他の見方があることも省略している。

16 **どちらも一面的《いちめんてき》である**　どちらも百円玉のある一面を取り上げているのにすぎない。

第二段落　教121ページ2行〜122ページ6行

人間の認識一般は、ある立場からの有限のアプローチである。自分の認識が有限で一面的だと承知している人は、多様なアプローチを試みる。しかし、私たちは、生きている人間や抽象的存在なども相手にして生きているのであり、そういう対象に対し、一面的に決めつける精神硬化現象なら珍しくない。

教121ページ

2 **まなざし**　ここでは、視線、の意。

4 **その有限性《ゆうげんせい》は、……反映《はんえい》して現《あらわ》れる**　人間は認識したものを言語によって表現しようとする。認識が有限である以上、言語表現も有限にならざるをえない。

6 **ある位置《いち》に……眺《なが》めているだけ**　ある一つの見方だけにとどまり、他の見方があるとは想像もしない、ということ。

＊「あぐらをかく」＝ここでは、本来なすべき努力をせず、現在の立場や状態に甘んじる、という意。

8 **多様《たよう》なアプローチ**　さまざまな視線(角度)で対象を捉えること。

「有限のアプローチ」と対照的な表現。

11 **硬化《こうか》した精神《せいしん》**　自分の認識が一面的だということを認めず、他の見方を認めない精神。「一面的に決めつけて、それ以外の視点から見る可能性をいっさい考慮に入れない」(122ページ5〜6行)精神。

教122ページ

3 **抽象的《ちゅうしょうてき》**　具体性をもたない様子。

対 具体的

6 いっこうに珍《めずら》しくない 「ありえない」(121ページ15行〜122ページ1行)と対比されている。コインのように取り扱いの易しい対象であればありえないことも、生きている人間や、手で触ることのできない抽象的存在が対象であれば、精神硬化現象は往々にしてありえる、ということ。

第三段落 教122ページ7行〜124ページ10行

レトリックとは、私たちの認識と言語表現の避けがたい一面性を自覚し、別の視点に立てば別の展望がありうるのではないかと探求する努力のことである。創造力と想像力の営みである。相手の立場、別の視点に立って見ればどんなぐあいにものが見えるか、思い描いてみる能力としての思いやりである。視点の相違は個人の間のみならず、異なる文化圏の間には集団的なものの見方のずれがある。新しい視野を獲得するためにも、習慣の枠を越えた相互理解のためにも、今日ほどレトリック感覚の必要とされる時はない。

7 ＊**たぶらかす** うまいことを言ったりごまかしたりして、人をだます。

7 **術《すべ》** 手段。方法。

7 **困《こま》ったレトリック観《かん》** レトリックを「言葉巧みに人をたぶらかす術」といった悪い意味にしか捉えず、認識する方法として捉えようとしない考え方。

8 ＊**不届《ふとど》き** ここでは、道理や法に背いたけしからぬさま、ふらちなさま、の意。

8 ＊**通俗的《つうぞくてき》** 高度でなく、一般大衆にもわかりやすいさま。俗受けするようなさま。

9 **レトリックの積極的《せっきょくてき》な意義《いぎ》** 次行の「本来のレトリックとは」で始まる段落に述べられている。

11 **展望《てんぼう》** ここでは、あらゆる対象についての深い認識、という意。

11 **探求《たんきゅう》** 物事を探し求めること。同音異義語の「探究」は、物事を明らかにするために、深く探りきわめること、の意。使い分けに注意する。

12 **創造力《そうぞうりょく》と想像力《そうぞうりょく》の営《いとな》み** 一面的になりがちな対象に対する人間の認識を、多角的にするためにはどうすべきかということを、端的に示した表現。

「創造力」＝新たなものを自分で作り出す力。

「想像力」＝実際に見えない(聞こえない)物事の姿や形を、頭の中に思い浮かべる力。

13 **事態《じたい》** 物事の成り行き。

「営み」＝ここでは、行為、行い、の意。

教123ページ

2 **多角的《たかくてき》に考《かんが》え** 多くの方向から一つの対象を見て考え、ということ。

「多角的」＝多くの方面にわたっている様子。

4 **発見的認識《はっけんてきにんしき》への努力《どりょく》** レトリックの積極的な意義である。つまり、「私たちの認識と……ありうるのではないか」(122ページ10〜11行)と「想像」し、別の展望を「創造」することであり、「想像力」をはたらかせて「多角的に考え」、かつ「創造力」で「多角的な言葉によって表現してみる」ことである。

5 **価値《かち》の多様化《たようか》**　価値があるとされるもの（こと）が、多くのもの（こと）に分かれ、複雑化すること。価値観の多様化。

5 **問題《もんだい》になる**　考えるべきこととして取り上げられる、ということ。

「価値の多様化」自体が問題なのではない。

5 **ものの見方《みかた》の多様性《たようせい》**　「価値の多様化」を言い換えたもの。

7 **一《ひと》つの事実《じじつ》を眺《なが》め、……という時代《じだい》ではあるまい**　逆にいうと、現代は個人が異なる視点から自由に認識し、自由に表現する時代だということ。

「統制」＝本来自由であるべき思想や言論などを、一定の方針に従って制限・規制すること。

「視角」＝ここでは、ものを考える立場、視点、の意。

8 **人《ひと》と人《ひと》とが……容易《ようい》ではない**　一つの事実を眺め、表現するにあたって、人々の認識や表現が多様化しているからである。

12 **＊かたくな**　頑固であるさま。自分の考えや態度を強情に押し通すさま。

12 **角度《かくど》**　ここでは、視点、立場、の意。

13 **滑稽《こっけい》**　ここでは、いかにもばかばかしいこと、の意。

14 **肝心《かんじん》**　何かをするのに、とりわけ大事なこと。「肝腎」とも書く。

14 **心情的《しんじょうてき》なもの**　ふつう我々が使っている「思いやり」（＝相手の心情を考えて気遣うこと）のこと。

2 **「認識的な思いやり」とは何か。**

答　相手の立場、別の視点に立って見ればどんなぐあいにものが見えるか、ということを思い描いてみること。

教124ページ

5 **文化圏《ぶんかけん》**　ある一つの文化が及んでいる空間的範囲。例えば、英語文化圏、イスラム文化圏など。

5 **いわば**　たとえていってみれば。

5 **集団的《しゅうだんてき》なものの見方《みかた》**　ある文化圏がまとまった価値観をもてば、そこに集団的なものの見方が生まれる。

6 **暗黙《あんもく》**　口に出さないこと。外に表さないこと。

9 **習慣《しゅうかん》の枠《わく》を越《こ》えた相互理解《そうごりかい》**　自分たちの慣れ親しんだ視点から見た見方が標準であると決めつけずに、別の視点に立って、相手のことを理解すること。

課題

課題A

1 **この文章は三つの部分に分かれている。それぞれの要旨をまとめてみよう。**

考え方　わかりやすく説かれているが、具体例ややさしく言い換えた部分が多いわけではなく、無理に短くしようとすると、要点を落としかねないので注意すること。［要旨］［段落ごとの大意］なども参考にするとよい。

解答例　第一段落＝ふだん私たちは、コインを丸いものとみなしているため、「コインは円形だ。」という文はもっともだと思うが、「コインは長方形だ。」という文は異様に思う。しかし、この二つの文は論理的には同格であり、どちらも省略的で、一面的である。

第二段落＝人間の認識一般は、ある立場からの有限のアプローチである。自分の認識が有限で一面的だと承知している人は、多様なアプローチを試みる。しかし、生きている人間や抽象的存在などを対象にした場合、一面的に決めつける精神硬化現象なら珍しくない。

第三段落＝レトリックとは、私たちの認識と言語表現の避けがたい一面性を自覚し、別の視点に立てば別の展望がありうるのではないかと探求する努力のことである。創造力と想像力の営みである。新しい視野を獲得するためにも、習慣の枠を越えた相互理解のためにも、今日ほどレトリック感覚の必要とされる時はない。

2 次の部分はどのようなことをいっているか。わかりやすく説明してみよう。

考え方 各部分に含まれる言葉の意味を正確に理解するとともに、前後をよく読み、文脈の中で考えること。

① **「論理的に、二つの面は同格だと言うべきであろう」**（120・7）

解答例 私たちが「コインは円形だ。」というのは、《円形の面》のほうが《長方形の面》より接触が頻繁であるというだけであって、「コインは長方形だ。」というのもコインの一面を正確に捉えている。つまり、二つは同じ対象を視点を変えて捉えただけで、どちらも論理的には正しいということ。

② **「人間の認識一般は、ある立場からの有限のアプローチである」**（121・4）

解答例 ある対象を見るとき、「正面」と「後ろ姿」、あるいは「着飾った姿」と「裸体」を同時に見ることができないように、人間が物事を認識しようとするとき、それはその人の立場から認識しようとするのであり、別の立場から（視点を変えて）捉えようとすることはほとんどない。つまり、人間の認識する範囲には限りがあるということ。

③ **「レトリックは発見的認識への努力に近い」**（123・4）

解答例 レトリックは、私たちの認識と言語表現の避けがたい一面性を自覚し、それゆえに別の視点に立てば別の展望がありうるのではないかと「想像」し、別の展望を「創造」すること。「想像力」をはたらかせて多角的に考え、かつ、「創造力」で多角的な言葉によって表現してみること。

3 筆者のいう「レトリック」とはどのようなものか、まとめてみよう。

考え方 第三段落にある以下の部分をおさえて、自分なりの表現を工夫してまとめてみよう。

●「私たちの認識と言語表現の……創造力と想像力の営みである。」（122ページ10〜12行）

●「相手の立場、……思いやりである。」（123ページ15行〜124ページ1行）

●「レトリック感覚は、……ことになる。」（124ページ2〜4行）

解答例 「レトリック」とは、私たちの創造力と想像力の営みであり、発見的認識への努力に近いものであり、別の視点に立つことを思い描く能力としての思いやりであり、人をできるだけよく理解するために必要なものである。

課題B

1 **筆者の言う「精神硬化現象」（122・6）とはどういうことか。身近な例をあげて話し合ってみよう。**

考え方 「精神硬化現象」とは、直前にあるように、「一面的に決めつけて、……考慮に入れない」（122ページ5〜6行）こと。そのような例がないか、身近なことから探してみよう。

語句

次の語句を使って短文を作ってみよう。

あぐらをかく

解答例 大会で優勝したことにあぐらをかかず、これからも努力を続けよう。

▼漢字を書いて確認しよう　重要漢字

① 兄はエンバン投げの選手だ。（　　）
② 提案された案をショウニンする。（　　）
③ ささいなことで、態度をコウカさせる。（　　）
④ 友人のオロかな言動をいさめる。（　　）
⑤ 顔を合わせるのをサける。（　　）
⑥ 長期的なテンボウを欠いた計画。（　　）
⑦ 幸福をタンキュウする。（　　）
⑧ 新たな文化をソウゾウする。（　　）
⑨ 国家が言論をトウセイする。（　　）
⑩ コッケイなしぐさで人を笑わせる。（　　）
⑪ 優勝を目指すことはアンモクの了解だった。（　　）

答　①円盤　②承認　③硬化　④愚　⑤避　⑥展望　⑦探求　⑧創造　⑨統制　⑩滑稽　⑪暗黙

学びを広げる　相互理解を深めるために、今何が必要か考えよう

教科書P.125

1 **三つの文章を読み比べ、そこで提起されている問題をふまえ、「相互理解を深めるために今何が必要か」というテーマで六〇〇字程度の意見文を書いてみよう。**

考え方 まずそれぞれの文章で論じられている内容を確認する。

・『見える文化』／『見えない文化』…文化自体には「見える文化」と「見えない文化」の両面がある。それらは表裏一体で「見えない文化」に対する意識も必要である。

・「ありのままの世界は見えない」…私たちは文化や環境という約束ごとに従って世界を見ており、ありのままの世界を見ているわけではない。

・「コインは円形か」…相手の立場や別の視点に立つとどのように見えるか考えることは大切だ。レトリック感覚は人をよりよく理解するためにこそ必要とされている。

各文章では、視点を変えながら文化や相互理解について説明されている。それらの内容をふまえて、相互理解に必要なものは何かを考えるとよい。

七　科学技術と人間

人がアンドロイドとして甦《よみがえ》る未来　アンドロイド基本原則

谷島《たにしま》貫太《かんた》

教科書P.128〜137

●教材のねらい

・アンドロイドの登場によって生じる問題について考える。
・アンドロイドとどのように付き合っていくべきかについて、筆者の主張を読み取る。

●要旨

現代は「アンドロイドとともに生きる世界」の入り口にある。アンドロイドは最終的にはただのモノであるが、すでに亡くなった人々が残していった足跡を、体験可能なできごととして呼び出すというポテンシャルを有している。アンドロイド技術は、故人と私たちの関係を大きく変える可能性をもつ。喪というテーマで見た場合、アンドロイドは単なるモノとは異なる何かとして扱われる必要も出てくる。アンドロイドを制作するという行為には人間の領分を超えた何かがあり、だからこそひときわ強い欲望の対象となる。アンドロイドをめぐる基本原則を構想する際に問われるのは、アンドロイドが可能とするどのような未来を欲望していくのか、ということであるはずである。

●段落

具体例と筆者の主張の内容によって五つの段落に分ける。

一　教p.128・1〜9　『ブレードランナー』の世界
二　教p.128・10〜p.131・11　現代の私たちとアンドロイド
三　教p.131・12〜p.133・5　アンドロイドと「喪」①
四　教p.133・6〜p.135・3　アンドロイドと「喪」②
五　教p.135・4〜p.136・13　アンドロイドとの付き合い方

段落ごとの大意と語句の解説

第一段落　教128ページ1〜9行

西暦二〇一九年を舞台としたSF映画『ブレードランナー』で描かれたような自律したアンドロイドはまだ実現していない。現在は、精巧な外見と生々しい表情や身ぶりを再現する段階だ。

教128ページ

1SF　科学的仮想に基づき、空想の世界を描いた作品。サイエンスフィクション。

2**複製**《ふくせい》　ここでは、あるものと同じものを作ること。

①「控えめな段階」とはどういうことか。

答　現実のアンドロイドは、『ブレードランナー』で描かれているアンドロイドほど、技術的に及んでいないということ。

4＊**自律**《じりつ》　ここでは、自分で考えて行動すること。『ブレードランナー』で描かれているアンドロイドは、他者（人間）から命令されることなく、自分で考えて行動できるのである。

7**ひるがえって**　これとは逆に。

8**人工知能**《じんこうちのう》　コンピューターにおいて、記憶や判断などといった人間の能力を再現したシステム。ＡＩ。

8**搭載**《とうさい》　ここでは、機械などにある機能を組み込むこと。

第二段落　教128ページ10行～131ページ11行

『天国からのお客さま』において、故人のアンドロイドは故人と身近な人々から、写真や映像といったものからは引き出せない反応を引き出していた。また、アンドロイドと接した人は、そのことを一つのかけがえのない経験として記憶に刻み込む。アンドロイドは、すでに亡くなった人々が残していった足跡を、体験可能なできごととして呼び出すというポテンシャルを有している。アンドロイド技術の研究と開発が進むにつれ、アンドロイドに故人が部分的に憑依《ひょうい》するという魔法を、より自由により精密に制御していけるようになるだろう。

教129ページ

1**そこで想像**《そうぞう》**された状況**《じょうきょう》**とはかなり異**《こと》**なりますが**　『ブレードランナー』で描かれたアンドロイドは自律した意識をもつが、現実のアンドロイドはその域にはほど遠いことを述べている。

6**監修**《かんしゅう》　作品を監督すること。

11**そこで生**《う》**み出**《だ》**される光景**《こうけい》　勝新太郎《かつしんたろう》、立川談志《たてかわだんし》のアンドロイドと、彼らと近い関係であった人々が面と向かって接する際に見える光景。

②「観《み》**る者の胸を打」ったのはなぜか。**

答　アンドロイドが、写真や映像や思い出の品々では引き出すことのできないような反応を、かつての身近な人から引き出したから。

12＊**胸**《むね》**を打**《う》**つ**　感動させる。

16**それらのアンドロイドと……心**《こころ》**を奪**《うば》**われた**　「観る者の胸を打つ」（129ページ12行）と同じ意味を表している。「心を奪われる」＝心を引き付けられる。

教130ページ

3**写真**《しゃしん》**や映像**《えいぞう》**や思**《おも》**い出**《で》**の品々**《しなじな》　すべて故人が残した、故人に関わるもの。アンドロイドはこれらのものでは引き出すことのできない反応を、かつての身近な人から引き出すことができたのである。

8**演劇部**《えんげきぶ》**の高校生**《こうこうせい》**たち**　故人の「身近な人々」ではない者たちである。しかも、「勝が亡くなった一九九七年にはまだ生まれてもいなかった若者たち」（130ページ9～10行）だとある。

③ 「特別な伝達力を獲得している」とはどういうことか。

答 ただの知識として伝わったのではなく、まさに目の前で「語られている」というできごとに立ち会っているという、かけがえのない体験として記憶に刻み込まれるということ。

14 ＊**傑出**《けっしゅつ》 他のものよりもずば抜けて優れていること。

14 **まさに目**《め》**の前**《まえ》**で「語**《かた》**られている」** アンドロイドの行為であるので、「語られている」とかぎ括弧が付けられている。

教131ページ

1 **偉人**《いじん》 優れた業績を成し遂げた人。『天国からのお客さま』においては、夏目漱石《なつめそうせき》、勝新太郎、立川談志を指す。

1 **すでに亡**《な》**くなった人々**《ひとびと》**が残**《のこ》**していった足跡**《そくせき》 勝新太郎の場合では演技論である。

5 **故人**《こじん》**が部分的**《ぶぶんてき》**に憑依**《ひょうい》**する** アンドロイドが、モノではなく、故人その人として目の前に現れるということ。

「憑依」＝ここでは、魂が入り込むこと。

6 **魔法**《まほう》**の正体**《しょうたい》**はテクノロジーです** テクノロジーの進化によって、アンドロイドはより精巧に作りこまれ、巧みに演出されることが可能になる。

第三段落 教131ページ12行～133ページ5行

死者を蘇《よみがえ》らせる行為には、私たちの良識や倫理観に反する何かが含まれている。撮影された対象の不在が結びついている写真とは対照的に、アンドロイド技術はそこで模された対象がまさに目の前にいるという体験を作り出す。また、アンドロイドは、喪失そのものを抹消してしまう可能性がある。

14 **一線**《いっせん》**を越**《こ》**えてしまう** 息子を蘇らせるために、やってはならないことをしてしまったということ。

＊「一線を越える」＝やってはならないことをする。

教132ページ

3 **良識**《りょうしき》 物事についての健全な判断力。

3 ＊**倫理観**《りんりかん》 人として守るべき行いについての考え方。

9 **このような関係**《かんけい》 母親とアンドロイドの子どもの、本物の子のようにかわいがる母親が年を取っていくのに対して、アンドロイドの子どもがずっと幼いままである関係。

10 **正常**《せいじょう》**ではない何**《なに》**か** 「良識や倫理観に反する何か」（132ページ3行）に通じるものである。

12 **写真**《しゃしん》**には、……結**《むす》**びついている** 写真は、撮影時に目の前にいた対象が今はもういないという事実と切り離せない関係にあるということ。

＊「不可分《ふかぶん》」＝強く結びついていて、分けることができないこと。

15 **この違**《ちが》**い** 不在が不可分に結びついている写真と、対象が目の前にいるというアンドロイドとの違い。

16 **喪**《も》**と呼**《よ》**ばれるプロセス** ここでは、近親者が故人の死を悼《いた》み、受け入れるために行う行為や心理的な過程のこと。

教133ページ

2 **抹消**《まっしょう》 消すこと。

第四段落 教133ページ6行～135ページ3行

故人の喪失の悲しみを癒やすという役目を終えたアンドロイ

ドは、単なるモノとは異なる何かとして、供養という宗教的な手続きが求められるはずだ。日本文化は「人のようなモノ」をめぐる想像力を有しているので、喪というテーマにおいて、アンドロイドとの関係を作る上で優位である。

7 **役目**《やくめ》　ここでは、喪失の悲しみを癒やすこと。

11 **決別**《けつべつ》　きっぱりと別れること。

15 **供養**《くよう》　ここでは、死者の冥福を祈ること。

教134ページ

5 **未踏**《みとう》　まだ誰も足を踏み入れていないこと。

9 **ロボット愛護法**《あいごほう》**を制定**《せいてい》**する必要**《ひつよう》**を主張**《しゅちょう》　動物愛護法で保護されている動物と同様にロボットも扱うべきだということを表す。

教135ページ

2 **「人**《ひと》**のようなモノ」**　アンドロイドなど、「モノを超えるモノ」(134ページ4〜5行)を指す。

第五段落　教135ページ4行〜136ページ13行

私たちの社会はアンドロイドとどのように付き合っていくべきなのか、まだ誰も正解を知らない。アンドロイドの制作には人間の領分を超えた何かがあり、それゆえアンドロイドはひときわ強い欲望の対象となる。アンドロイドをめぐる基本原則を構想するに際して、私たちはアンドロイドが可能にするどのような未来を欲望していくのか、という点が問われるはずである。

11 **人間**《にんげん》**を……永遠化**《えいえんか》**すること**　アンドロイド制作の欲望を駆り立てるものをあげている。

4　「人間の領分」とは何か。

答　今まで人間が、人間として行ってきたこと。

14 **＊昇華**《しょうか》　ここでは、物事が上の段階へ上がること。

教136ページ

1 **＊普遍**《ふへん》　ここでは、すべてに例外なく適合すること。

1 **偉人**《いじん》**の動**《うご》**く銅像**《どうぞう》**としてのアンドロイド**　石黒教授の主張である、人の模範としてのアンドロイド。

5 **これもまた……欲望**《よくぼう》　夏目房之介氏の、漱石は、銅像化、理想化されずに生きていたいはずだという主張についての考察。

7 **喚起**《かんき》　呼び起こすこと。

7 **触媒**《しょくばい》　ある反応が起こる速度に関与するもの。

11 **開**《ひら》**かれた問**《と》**い**　ここでは、正解が定まっていない(正解があるか否かもわからない)問いのこと。

課題

課題A

1　「アンドロイドが可能とする特別な魔法」(131・3)とは何か、説明してみよう。

考え方　『天国からのお客さま』でアンドロイドがどのような反応を引き出していたかを読み取る。直後ではそれが、「故人が部分的に憑依するという魔法」(131ページ5〜6行)と述べられている。

解答例 アンドロイドに故人が部分的に憑依し、亡くなった人々を再現すること。故人が残していった足跡を、体験可能なできごととして再び蘇らせること。

2 **「アンドロイドとして甦《よみがえ》らせることは、写真や映像の記録を残すこととは本質的に異なる」(132・11)とはどういうことか、説明してみよう。**

考え方 写真(や映像)についてはロラン・バルトの言葉に示されている。そのような写真に対してアンドロイドが「対照的」(132ページ14行)だとする筆者の主張を、その直後から読み取る。

解答例 写真や映像は撮影された対象がすでに目の前にいるわけではないが、アンドロイドは対象がまさに目の前にいるという体験を作り出すということ。

3 **筆者の提起している「私たちの社会はアンドロイドとどのように付き合っていくべきなのか」(135・4)という問題について自分の考えをまとめてみよう。**

考え方 この問題について筆者は、直後に具体的な問いをあげた上で、「まだ誰も正解を知らない……不確かな問いです」(135ページ7〜8行)とし、アンドロイドを制作することには「人間の領分を超えた何かがあ」る(135ページ12行)と述べている。これらをふまえて、アンドロイドとともに生きる社会についての意見をまとめる。

課題B

1 **「人がアンドロイドとして甦る未来」について、どのように考えるか、話し合ってみよう。**

考え方 アンドロイドについては、石黒教授や夏目房之介氏のような意見もあげられている。本文のようにテレビ番組なども参考にして、アンドロイドについての意見を交わし合おう。

語句

① **次の漢字を使った熟語を調べてみよう。**

倫 論 ・ 蓄 畜

② **次の語句の意味を調べてみよう。**

普遍 不変 不偏

解答例 ① 人倫 論理 ・ 含蓄 家畜

② 普遍＝すべてに例外なく適合すること。不変＝変わらないこと。不偏＝公正であること。

漢字を書いて確認しよう 重要漢字

① タイマーがトウサイされた炊飯器。（　）
② セイコウな作りのレース飾り。（　）
③ 理論をジッセンに移す。（　）
④ 機械の動きをセイギョする。（　）
⑤ 名簿からマッショウされる。（　）
⑥ 古い書類をハイキする。（　）
⑦ 知識への欲求をカり立てられる。（　）
⑧ 師匠が弟子にモハンを示す。（　）
⑨ 人々の注意をカンキする。（　）
⑩ ショクバイとなる物質を調べる。（　）

答
①搭載 ②精巧 ③実践 ④制御 ⑤抹消 ⑥廃棄 ⑦駆 ⑧模範 ⑨喚起 ⑩触媒

人間にできて機械にできないこと

松《まつ》田《だ》雄《ゆう》馬《ま》

教科書P.138～143

教材のねらい

・人間と機械の「認識」の違いについて理解する。
・人間にできて機械にできないことにはどのようなことがあるかを考える。

要旨

「自律的に思考する人工知能」というものが実現可能かを議論する上で、「意味」は重要なキーワードである。機械がものを認識する際に一般的なのは「形状」を定義する方法である。機械にとっての「椅子」が「前もって教えられた『椅子らしい特徴』をもつもの」であるのに対し、人間にとっての「椅子」は「座れるもの」である。人間は身体をもっているからこそ「目的」を自分で作り出すことができるが、機械は身体をもたず、目的を自分で作り出すことはできない。人間にとっての「意味」とは「行為の意味」であり、「行為」を行うには「身体」が不可欠である。「身体」にとっての「意味」は、「身体」と「環境（状況）」との関係によって、即興的に（その場その場で）作り出される。人工知能研究において、こうした視点による議論は不可欠である。

段落

内容によって、三つの段落に分ける。

一　教p.138・1～p.139・4　機械による「認識」
二　教p.140・1～p.142・4　機械と人間の「認識」の違い
三　教p.142・5～10　「身体」にとっての「意味」

段落ごとの大意と語句の解説

第一段落　教138ページ1行～139ページ4行

「自律的に思考する人工知能」というものが実現可能かを議論する上で、「意味」は重要なキーワードである。機械が「椅子」を認識するためには、椅子の「形状」を定義する方法が一般的である。しかし、その場合、「椅子」の定義に当てはまらないものがあると、機械が「椅子」を認識することは難しい。

教138ページ

1人間《にんげん》のような「知能《ちのう》」　直後で言い換えられている内容から、これが「自律的に思考する人工知能」（138ページ1～2行）という意味を表していることがわかる。

① 「これ」は何を指すか。

答　「自律的に思考する人工知能」というものが実現可能かどうかを議論する上で、「意味」が重要なキーワードであるということ。

7 **認識《にんしき》** ある物事の本質などを理解すること。

7 **＊至難《しなん》の業《わざ》** 実現が難しいこと。

教139ページ

3 **「形状《けいじょう》」によって椅子《いす》を定義《ていぎ》することは容易《ようい》ではない** 「椅子」の定義を「四脚の脚と座部と背もたれを有する形状」（138ページ10行）とした場合、139ページの図の中には、その定義に当てはまらないものも出てくる。

第二段落 教140ページ1行～142ページ4行

「ニューラルネットワーク」に椅子を学習させることで「椅子らしい特徴」を発見することはある程度は可能だが、椅子は座れなければ椅子ではないので、形状だけで「椅子」を認識することはできない場合もある。機械にとっての「椅子」は、「前もって教えられた『椅子らしい特徴』をもつもの」であるのに対して、人間にとっての「椅子」は、「座れるもの」である。人間は身体をもち、目的を作り出すことができるが、機械は身体をもたず、目的を作り出すことはできない。

教140ページ

3 **奥歯《おくば》にものが挟《はさ》まったような言《い》い方《かた》** はっきりとは言わないような言い方。

6 **なぜ……本質的《ほんしつてき》ではないのだろうか** 「ニューラルネットワーク」で「椅子らしい特徴」を発見することは、「椅子」を認識する上で、「重要な視点を見落としている」（141ページ5行）からである。

10 **「猫《ねこ》のような画像《がぞう》」** 「ニューラルネットワーク」が「猫らしい特徴」を発見し、自動的に作成したものを「猫」として新たに表現したもののこと。

2 **「このこと」は何を指すか。**

答 「ニューラルネットワーク」は、「猫」を認識する際には、「猫らしい特徴」というものを自動生成して、この「猫らしい特徴」をもつものを「猫」と認識するということ。

教141ページ

5 **精度《せいど》** 物事の正確さ。

3 **「重要な視点」とは何か。**

答 「椅子は座れなければ椅子ではない。」ということ。

10 **背《せ》もたれのない椅子《いす》と……形状《けいじょう》の差《さ》がほとんどない** 座れるか否かという視点がなければ、「背もたれのない椅子」と「小型の机」の違いはないということである。

教142ページ

2 **身体《しんたい》をもち……用《もち》いることができる** 人間は、「座る」という目的でもって、「川辺の岩」を「椅子」と認識するということ。これに対して、直後で説明されているように、身体をもたない機械は、「座る」という目的を作り出せないために、「川辺の岩」を「椅子」と認識することはできない。

第三段落 教142ページ5～10行

人間にとっての「意味」とは、「行為の意味」であり、「行為」

を行うには「身体」が不可欠である。「身体」にとっての「意味」は、「身体」と「環境（状況）」との関係によって、即興的に作り出される。人工知能研究において、こうした視点による議論は不可欠なものである。

5 **機械《きかい》にとっての……「身体《しんたい》」を中心《ちゅうしん》においた考察《こうさつ》が不可欠《ふかけつ》**　本文の冒頭にあった文「人間のような……重要なキーワードである」（138ページ1〜3行）を、ここで繰り返している。直後で説明しているように、人間にとっての「意味」は「行為の意味」であり、「行為」を行うには「身体」が不可欠であるため、機械が「身体」をもたないという点に注目して、機械にとっての「意味」について考察すべきだということ。

6 **＊不可欠《ふかけつ》**　欠くことができないこと。必要であること。

8 **即興的《そっきょうてき》に**　あらかじめ準備することなく、その場の雰囲気や気持ちに従って物事を行うさま。

課題

課題A

1 人間と「機械・ニューラルネットワーク」とでは、椅子の認識についてどのような違いがあるか、整理してみよう。

考え方　人間と機械の認識について説明している、「機械にとって、『椅子』とは……『座れるもの』であるという明確な違いがある」（141ページ12〜14行）の部分から読み取る。

解答例　人間にとっての「椅子」は「座れるもの」であるのに対して、機械にとっての「椅子」は、「前もって教えられた『椅子らしい特徴』をもつもの」であるという違い。

2 「私たちが世界を認識できるのは、私たちが『身体』をもつからである」（142・5）とあるが、どういうことか、説明してみよう。

考え方　「人間は、身体を……作り出すことはできない」（141ページ14行〜142ページ1行）とあり、人間は身体をもっているがゆえに目的を自分で作り出し、その目的によって世界の物事を認識しているということがわかる。「私たちにとっての『意味』とは……（その場その場で）作り出される」（142ページ6〜9行）とあるように、「意味」と「身体」は不可分に結びついているのである。以上のことをまとめる。

解答例　私たちは身体をもつがゆえに目的を作り出すことができ、その目的によって世界を認識している。私たちにとっての「意味」とは、「行為の意味」であり、「行為」を行うには「身体」が不可欠であるということ。

課題B

1 「人間にできて機械にできないこと」には、どのようなことがあるだろうか。その理由も含めて話し合ってみよう。

考え方　本文で述べられていたのは、「椅子」を例に、「機械にとって、『椅子』とは……『座れるもの』であるという明確な違いがある」（141ページ12〜14行）ということであり、人間には身体があるために目的を作り出せるが、機械には身体がないために目的を作り出せないということであった。同様に、「身体」の有無によって人間と機械に生じる違いについて考えたり、あるいは、他人の気持ちを読み取ることのように「身体」以外でも人間と機械で違いがあるものについて考察したりして、「人間にできて機械にできないこと」は何かについて、意見を交換してみよう。

語句　次の漢字を使った熟語を調べてみよう。

精　清　請

解答例　精算　清書　申請

漢字を書いて確認しよう　重要漢字

① 机にヒジを突く。（　　）
② ドアに服がハサまる。（　　）
③ ソッキョウで演奏を披露する。（　　）

答　①肘　②挟　③即興

学びを広げる　調べたことをレポートにまとめてみよう

教科書P.144～147

図書館やインターネットを利用したレポートの書き方を学ぶ。

1　レポートとは
論証型の文章の一種で、序論・本論・結論という三段構成であることをおさえる。レポートは、調査・観察・実験に比重がおかれることをおさえる。

2　レポート執筆の手順と方法
手順に従ってレポートを執筆する。レポートの性質から、資料の検討については慎重に行う。

3　構成表
序論・本論・結論の分量配分を念頭に置いて、内容を検討し、構成表を作成する。

課題　ロボットや人工知能、情報通信などの科学技術の発展が私たちや私たちの社会をどう変えるか、図書館やインターネットを利用して調査し、その結果を一六〇〇字程度のレポートにまとめてみよう。ただし、図表や参考文献は字数に含めなくてよい。

考え方　「人がアンドロイドとして甦る未来　アンドロイド基本原則」では、アンドロイドが私たちに与える影響について考察し、私たちがアンドロイドとどのように付き合っていくべきなのかという問題提起を行っている。「人間にできて機械にできないこと」では、人間と機械の「認識」の違いを述べ、人工知能研究において、「身体」という視点からの議論が不可欠であることを述べていた。これらで学んだことをふまえて、146・147ページの「AIは仕事の未来を変えるのか」というレポート例を参考にしながら、自分なりの課題を見つけてみよう。なお、レポート例では、資料A～Cという三つの資料を用いて結論を導いているが、示した資料が自分の主張の根拠となっているかについては、十分に検討する必要がある。

自然をめぐる合意の設計《デザイン》

関《せき》礼《れい》子《こ》

教科書P.150〜155

教材のねらい

・本文の展開から、「遠景の語り」と「近景の語り」という、対立的な二つの考えの内容を読み取る。
・「自然保護」を実践するために何が必要なのか理解する。

要旨

自然のイメージも、自然保護の手法や解も、人の立ち位置でさまざまである。自然の外部から眺めた「遠景の語り」で、自然保護の観点から批判するだけでは、自然の中で暮らし、独自の試みをしている人々の「近景の語り」を変化させることはできない。近景／遠景の語りがもつ多面性や多様性を担保するには、日常的実践のなかで許容／禁止される行為の幅を含めて自然保護を考える、ゆるやかで曖昧な合意の形成が鍵である。既にある隠れた合意の形態を可視化することこそが、優れた合意形成の設計《デザイン》となるのだ。

段落

一行アキで三つの段落に分かれている。

一　教p.150・1〜10　立ち位置で変わる自然の相貌
二　教p.151・1〜p.152・10　遠景の語りと近景の語りの対立
三　教p.152・11〜p.154・4　優れた合意形成のために

段落ごとの大意と語句の解説

第一段落　教150ページ1〜10行

自然は、遠くから眺める場合とそのなかに身を置く場合では、大きくイメージが変わる。自然保護も、人の「立ち位置」でさまざまな手法と解をもちうる。ここでは、外部から眺めた自然や自然保護についての言説を「遠景の語り」、自然の中で暮らす人々からの言説を「近景の語り」と呼ぶことにする。

教150ページ

1 **輪郭《りんかく》**　物の外側を形づくる線。ここでは、自然の概観（大まかな全体像）、の意。
3 **＊……やいなや**　……するとすぐに。
3 **覆《くつがえ》され**　ひっくり返され。
4 **繊細《せんさい》**　こまやかで美しいこと。

5 **容赦《ようしゃ》なく**　手加減することなく。
7 **相貌《そうぼう》**　ここでは、自然のさまざまな様相、見え方のこと。
8 **「立《た》ち位置《いち》」**　かぎ括弧がついており、自然保護を主張する人の立場(考え方)という、抽象的な意になっている。
8 **当該《とうがい》**　そのことに関係する。それに当たる。
10 **言説《げんせつ》**　言葉で述べられた考えや意見。

第二段落　教151ページ1行～152ページ10行

北海道でヒグマが銃で撃たれた場合、市町村の担当部署には、自然保護の観点から、抗議の電話がかかってくることがある。しかし、自然のなかで暮らす地元には、自分たちこそが絵のように見える自然をつくるための独自の取り組みや施策を推進してきたという自信がある。遠景の語りに問題提起や方法提言があっても、こうした地元の営為や思いを抜きにしては、近景の語りの正当性を変化させることはなく、合意も生まれえない。

教151ページ
3 **里《さと》**　人の住まない山間に対し、人家が集まって小集落をつくっている所。
4 **＊危惧《きぐ》**　悪い結果になるのではと心配し、おそれること。
6 **困惑《こんわく》**　どうしてよいかわからなくて、とまどうこと。
8 **エピソード**　ある事柄について、それを具体的に示すちょっとした話。episode(英語)。
9 **遡《さかのぼ》る**　川の下流から上流にのぼる。

① 「その逆である」とはどういうことか。

答　Aさんが自然保護に理解がないのではなく、むしろその逆で、Aさんは、絵のように見える自然をつくるための独自の取り組みや環境保全策を進める上で、重要な役割を果たしてきたということ。

教152ページ
2 **＊営《いとな》み**　ここでは、あることを行うこと。
3 **湧水《ゆうすい》**　地中からわいて出てくる水。
3 **保全《ほぜん》**　保護して安全であるようにすること。
4 **鉛《なまり》の重《おも》り**　釣り針や魚網などを水中に沈めるために用いる鉛のかたまり。鉛は青みを帯びた灰色の金属で、毒性がある。
5 **＊先駆《せんく》**　他より先立って、新しい物事をすること。
8 **営為《えいい》**　人が意識的に行うこと。いとなみ。

第三段落　教152ページ11行～154ページ4行

近景・遠景の語りがもつ多面性や多様性を担保するには、自然保護のための制度を厳格化するのではなく、自然をめぐるゆるやかで曖昧な合意の形成が鍵となる。ゆるやかで曖昧な合意とは、多様な人々による日常的実践のなかで、明示的／暗黙裡《あんもくり》に許容／禁止される行為の幅を含めて自然保護を考えることである。日常を深く観察し、既にある隠れた合意の形態を可視化することこそが、優れた合意形成の設計《デザイン》となるのだ。

13 **担保《たんぽ》**　保証すること。

教153ページ
1 **捨象《しゃしょう》**　事物の全体から何らかの概念を取り出す(抽象する)とき、抽出された表象以外の部分を切り捨てること。

1 **拘束《こうそく》**　自由な行動を制限すること。
2 **唯一解《ゆいいつかい》**　ただ一つの解答。「唯一」は「ゆいつ」とも読む。

教154ページ

課題

課題A

1 「遠景の語り」(150・9)「近景の語り」(150・10)とは、それぞれどのようなことか。

考え方 両者の定義は、第一段落の末尾にある。これに第一段落や第二段落で示されている具体的な要素を加えて、両者の違いが明確になるようにまとめる。

解答例 「遠景の語り」＝自然から遠く離れた都会で暮らす人々の、外部から眺めた自然や自然保護についての言説。自然を美化・理想化する観点から、自然を保護しようとする考えのこと。
「近景の語り」＝自然のなかで生きている人々の、暮らしに密着したローカルな文脈での言説。自然保護にも配慮しつつ、現実の生活が脅かされない範囲で自然と共存しようとする考えのこと。

2 「『都会の人は絵を見るように自然を見ます。しかし、我々は絵のなかで暮らしているんです』」(151・11)とはどのようなことか、具体例をあげて説明してみよう。

考え方 設問にある引用部分の直後に、「自然のように見える場所にも暮らしがあるという主張」(151ページ12〜13行)、「都会の自然保護に代表される外部の視点への痛烈な批判」(151ページ13〜14行)とあることをふまえて答える。設問に「具体例をあげて」という要求があるので、「絵を見るように」というたとえにふさわしい、美化された映像の自然を例としてあげ、現実の自然にはもっと別の厳しい面、恐ろしい面があること、そうした環境のなかで人々が暮らしていることなどを示せばよいだろう。

解答例 北海道の風景を美しく撮った写真がある。都会の人はそうした理想的な自然を思い描いている。しかし、外部からは美しいだけに見える自然も、時に厳しく、時には恐ろしいものである。地元の人間はそのなかで生きているのであり、都会の人の自然観には、生活者からの現実的な視点が欠けている、ということ。

3 「そうした語りがもつ多面性や多様性はいかにして担保されるのだろうか」(152・13)とあるが、この問いについて筆者はどのように考えているのか。説明してみよう。

考え方 設問にある文の直後に「答えの鍵」(152ページ14行)として「自然をめぐるゆるやかで曖昧な合意の形成」(152ページ14行)があげられている。これを手がかりに、最終段落の論旨をおさえる。「唯一解」(153ページ2行)の方向では「多面性や多様性」の担保はできないことをまず示し、それと対比して、実際には「唯一解とは異なる自然保護」(153ページ3行)が存在しており、さまざまな「行為の幅を含めて自然保護を考える」(154ページ1行)、「隠れた合意の形

1 **暗黙裡《あんもくり》**　だまって何も言わないうち。
＊「裡」＝……のうちに。
2 **合目的《ごうもくてき》**　ある目的をもち、それにかなっている様子。

態を見えるものにする」（154ページ3行）という方向にこそ、「多面性や多様性」の担保が可能になることを示すとよい。

解答例　自然保護のための制度を厳密に形成してしまうと、個別の具体的な現場から離れ、制度が唯一解としての自然保護だけを押しつけてくるようになる。これでは多面性や多様性は担保されない。実際には、多様な日常的実践のなかに、唯一解とは異なる、さまざまな自然保護が隠れて存在している。そうした多様な行為の幅を含めて自然保護を考えるのが、ゆるやかで曖昧な合意の形成ということだ。隠れた合意の形態を可視化する方向にこそ、多面性や多様性は担保されることになるのである。

課題B

1　**「自然保護」をめぐって意見が対立している問題には、どのようなものがあるか。新聞や書籍、インターネットで調べて発表してみよう。**

考え方　本文では「里に下りてきたヒグマが銃で撃たれた」（151ページ3行）という例をめぐり、クマを撃ったことを批判する「自然保護」の立場と、「暮らしの安全上からクマを撃つこともある」（151ページ8〜9行）とする地元の立場との対立が示されていた。野生の鳥獣による農作物の被害など、自然保護と人間の生活との関係が、近年しばしば問題となっている。また、ダムの建設やリゾート開発などで、経済発展や開発と自然保護のどちらを優先するかという問題が発生する場合もある。このような「自然保護」をめぐる問題は全国各地にあり、そのなかから、気になった事例の詳細を調べ、まとめて発表するとよい。

語句

次の漢字を使った熟語を調べてみよう。

議　儀　犠　義

解答例　議会　礼儀　犠牲　主義

▼漢字を書いて確認しよう　重要漢字

① 突然決定がクツガエされる。（　）
② センサイな感性をもつ人。（　）
③ ヨウシャなく相手の失敗を責める。（　）
④ 事件のソウボウを語る。（　）
⑤ 子供の将来をキグする。（　）
⑥ 下された決定にコウギする。（　）
⑦ 他者の言動にイキドオりを覚える。（　）
⑧ 相手の反応にコンワクする。（　）
⑨ 川をサカノボって上流を目指す。（　）
⑩ ツウレツな言葉で相手を責める。（　）
⑪ 清らかなユウスイに足を浸す。（　）
⑫ その業界におけるセンク者となる。（　）
⑬ 人間のエイイについて考える。（　）
⑭ 土地をタンポに入れる。（　）
⑮ 余計なものをシャショウして本質に迫る。（　）
⑯ 会議で長時間コウソクされる。（　）

答　①覆　②繊細　③容赦　④相貌　⑤危惧　⑥抗議　⑦憤　⑧困惑　⑨遡　⑩痛烈　⑪湧水　⑫先駆　⑬営為　⑭担保　⑮捨象　⑯拘束

マイクロディベートとは

教科書P.156〜161

教材のねらい

・マイクロディベートについて理解する。
・マイクロディベートをとおして、多面的思考を身につける。

要旨

ディベートの基本となるマイクロディベート(三人で役割を分担して行うディベート)について学習する。立論作成を行うのと同時に、あえて正反対の結論を導く立場に立って、自分の主張に反論を試みる。

語句の解説

教156ページ

1 **討論《とうろん》** 互いに議論をたたかわすこと。

教157ページ

10 **論理《ろんり》の甘《あま》さ** 主張の根拠が曖昧で、説得力に欠けていること。

教158ページ

6 **メリット** 長所。利点。価値。

教159ページ

4 **善意《ぜんい》** ここでは、親切心のこと。

14 **頻繁《ひんぱん》に** 回数が多いさま。

15 **キャンペーン** ある目的のためにはたらきかける活動。

教160ページ

3 **デメリット** 短所。欠点。

10 **モラル** 道徳。倫理。

教161ページ

13 **フローシート** 作業の手順を図式化したもの。一般には、作業の各段階を書き込んだ四角形や円などを線でつないで作る。

学びを広げる　マイクロディベートをやってみよう

教科書P.162〜165

語句の解説

教162ページ

上3 **猟銃《りょうじゅう》** 狩猟に使う銃。

上3 **箱《はこ》わな** 野生動物の捕獲に用いる、箱型のわな。

上3 **駆除《くじょ》** 害となるものを除去すること。

下3 **崇拝《すうはい》** 心から敬うこと。

下4 **開拓民《かいたくみん》** 未開の地に手を入れて、人間が生活できるように整える作業に携わる人。

下4 **畏怖《いふ》** 恐れおののくこと。

下4 **開墾《かいこん》** 山野を、田畑に適した土地に変えること。

下5 **惨殺《ざんさつ》** むごい方法で殺害すること。

下12 **出没《しゅつぼつ》** 現れたりいなくなったりすること。

下14 **一筋縄《ひとすじなわ》ではいかない**　普通の方法では対処できない。

教163ページ

上6 **闊歩《かっぽ》**　ここでは、思うままに行動すること。

下8 **執着性《しゅうちゃくせい》**　あることにとらわれているさま。

下15 **食害《しょくがい》**　動物が植物などを食い荒らすこと。

教164ページ

上20 **波及《はきゅう》**　あることの影響が少しずつ広がること。

下18 **壊滅的《かいめつてき》な**　ひどく壊れてだめになるさま。

教165ページ

上1 **捕殺《ほさつ》**　捕まえて殺すこと。

上10 **過剰防衛《かじょうぼうえい》**　正当な防衛となる範囲を超えているもの。

下12 **おごり**　ここでは、思い上がりのこと。

下15 **あつれき**　仲が悪化すること。

課題

課題一　次のテーマでディベートの立論を作成し、実際にマイクロディベートを行ってみよう。

> 人里に出てきた野生動物は猟銃や箱わなで駆除すべきである。

考え方　163ページからの資料を参考に、マイクロディベートを行う。その準備として、157～158ページにあった「立論作成のポイント」を見直し、テーマに対する賛否それぞれの立場で立論を行う。

　この課題のテーマは、人里に出てきた野生動物を駆除すべきか否かということであり、駆除すべきだという立場では、野生動物が人間に対して害を及ぼすから、それを阻止するという理由が、駆除すべきではないという立場では、野生動物の命や暮らしを尊重するという理由が考えられるだろう。

　それぞれの主張の根拠となるものとしては、駆除すべきではないという立場は動物愛護や自然保護の視点が、駆除すべきだという立場は野生動物による食害のデータなどが考えられる。

課題二　マイクロディベート体験をふり返り、どのような感想をもったか、何を考え、何を学んだか、まとめてみよう。

考え方　課題一で行ったマイクロディベートについての感想をまとめる。その際には、161ページにあるように、フローシートを活用するとよい。

課題三　マイクロディベートをふまえて、「野生動物と共生するには」というテーマで意見文(八〇〇字程度)を書こう。

考え方　課題一のマイクロディベートでは、野生動物を駆除するか否かについて意見を対立させた。そこで展開された議論をふまえて、「野生動物との共生」について、意見文にまとめるとよい。ただし、この意見文では、マイクロディベートのテーマとなっていた、野生動物を駆除すべきなのか、または駆除すべきではないのか、という問題に主眼が置かれているのではない。駆除という方法も含めて、野生動物と人間が、それぞれの命や暮らしを守りながら共存するためにはどのような方法や考え方が有効か、ということに主眼が置かれていることに注意しなければならない。

九　生命について考える

生物と無生物のあいだ

福《ふく》岡《おか》伸《しん》一《いち》

教科書P.168〜176

●教材のねらい

・筆者の「生命」を意識した体験を読み取る。
・生命が「動的な平衡」にあるとはどういうことかを読み取る。

●要旨

小学校の低学年で引っ越した筆者は、工兵学校の校舎の一部だったと思われる建物の前にある貯水池に足しげく通った。筆者が、秋の終わりに採集したアオスジアゲハのサナギの存在を忘れ、七か月後に思い出してかごを見ると、サナギは全て羽化して、完全に乾燥していた。また、筆者はトカゲの卵を見つけて持ち帰り、毎日観察していた卵に微小な穴を開けて内部を見た。中にいたトカゲの赤ちゃんは、外気に触れたため、徐々に腐っていった。これが筆者にとってのセンス・オブ・ワンダーであった。生命という名の動的な平衡は、決して逆戻りのできない営みであり、同時に、すでに完成された仕組みであって、人間がそれに関与することはできない。

●段落

一行アキで四つの大段落に分かれている。

一　教 p.168・1〜p.170・16　「私たち」のワンダーランド
二　教 p.171・1〜p.173・8　アオスジアゲハの例
三　教 p.173・9〜p.174・13　トカゲの卵の例
四　教 p.174・14〜p.175・11　生命という名の動的な平衡

段落ごとの大意と語句の解説

第一段落　教168ページ1行〜170ページ16行

筆者は、小学校の低学年で千葉の松戸《まつど》に引っ越した。松戸は、東京とその郊外が接する界面《エッジ》であると同時に、戦後が戦前と接している界面でもあった。筆者は、工兵学校の校舎の一部だったと思われる建物の前にある貯水池に足しげく通い、そこにすむ動物たちを観察するなどし、驚くべき発見を得た。

教168ページ

2 **抽選《ちゅうせん》**　くじ引き。
4 **ベッドタウン**　大都市の周辺に位置する住宅都市。
7 **廃墟《はいきょ》**　建物などの荒れ果てた跡。

7 **残骸《ざんがい》**　ここでは、跡形もないほど破壊された後で残っているもののこと。

教169ページ

3 **工兵学校《こうへいがっこう》**　工兵は、旧日本陸軍の兵科の一種。それについて学ぶ学校。

5 **そのような変貌《へんぼう》の終盤《しゅうばん》**　敗戦時までは陸軍の工兵学校があったのが、戦後、公務員住宅、裁判所、学校、公園などができるといった変化が起こり、その変化が終わりを迎える頃。

7 **戦後《せんご》がなお戦前《せんぜん》と接《せっ》している界面《エッジ》**　敗戦時から今日までの変化が見て取れる場所であることを表している。

8 **相互作用《エッジ・エフェクト》**　接触している二つのものが影響を及ぼしあうこと。

9 **気乗《きの》りがしなかった**　それをしようという気にならなかった。

12 **愛着《あいちゃく》**　親しみを感じ、心引かれること。

13 **界面《エッジ》がもたらす作用《さよう》**　「地理的に、……接する界面」（169ページ6行）と「時間的には、……接している界面」（169ページ6～7行）という二つの「界面」があり、それに筆者は関心を抱くようになっていったことがうかがえる。

❶「そんな小さな感傷」とはどのようなことか。

答　転居に気乗りがせず、東京の練馬《ねりま》に愛着を覚えていたこと。

13 **感傷《かんしょう》**　ここでは、物事に対して心を痛めること。

15 **鉄条網《てつじょうもう》**　侵入を防ぐ意図で、有刺鉄線（とげのついた鉄製の針金）を張り巡らせたもの。

教170ページ

1 **くすんだ**　ここでは、黒ずんだ色になるさま。

3 **たたえられた**　ここでは、液体がいっぱいに満たされていること。

6 **足《あし》しげく通《かよ》った**　しばしば行った。

9 **さざなみ**　ここでは、細かく立つ波のこと。

10 **水《みず》の行方《ゆくえ》を追《お》って**　貯水池には常に水が満たされていたので、それがなぜなのかを調べようとしたのである。

14 **うごめいている**　もぞもぞと絶えず動いている。

15 **世代《せだい》を超《こ》えてここに結集《けっしゅう》していた**　筆者は、貯水池につながっている井戸の中で、数えきれないほどのヒキガエルを発見する。そして、貯水池で毎年孵《かえ》るオタマジャクシが大人になって、この井戸に集まっていたことを知ったのである。

第二段落　教171ページ1行～173ページ8行

アオスジアゲハの産卵と羽化は春先から秋までサイクルが繰り返される。筆者は春先初めてのアオスジアゲハの姿を見たくなり、秋の終わりにサナギを採集し、それを虫かごに入れていた。しかし、アオスジアゲハのことをすっかり忘れ、七か月間放置してしまった。虫かごを見てみると、十個以上あったサナギは全て羽化し、まるで生きているような姿で完全に乾燥していた。

教171ページ

5 **胸《むね》が高鳴《たかな》った**　意外なほど低い場所にいるアオスジアゲハのサナギを発見すると、心が浮き立った。

＊「胸が高鳴る」＝心が浮き立つ。興奮する。

6サイクル　ここでは、周期のこと。

7秋《あき》のいちばん……蝶《ちょう》にならない　翌年の春に羽化するため、サナギの姿のまま冬を越すと直後で説明されている。

教172ページ

2可憐《かれん》な　姿や様子が愛らしく、守ってやりたくなるような気持ちにさせる。

4とりたてて　特別に取り上げて。打ち消しの語を伴って用いられる。

5＊あろうことか　とんでもないことに。

8キャンパス　大学などの構内。あるいは、大学そのもの。

9その時《とき》　「アオスジアゲハが舞う季節が来た」（172ページ8〜9行）と直前にある。アオスジアゲハは産卵と羽化を春先から秋まで繰り返すことが171ページに説明されている。また、「夏が近い」（172ページ8行）ともあるので、晩春か初夏であることがわかる。

11それ　サナギを採集してかごに入れて保管したことを指す。

12まぎれもなく　間違えようもなく。

13ありありと　ここでは、はっきりと、という意味。

14＊ゆうに　楽に。十分に余裕があるさまを表す。

16私《わたし》は怖《こわ》かった　直前に「これだけの時間が……サナギであるはずはない」（172ページ14〜15行）とある。七か月放置してしまったサナギがどうなったのか、見るのが怖かったのである。

❷「それ」とは何を指すか。

答　七か月の間放置されたサナギがどうなっているかということ。

教173ページ

1かごを置《お》いたはずの場所《ばしょ》　七か月も前のことなので、記憶をたどっていることが「はず」という言葉からうかがえる。

2なんの気配《けはい》もなく、なんの音《おと》もしなかった　中にいるサナギがすでに死んでいることを暗示している。

6損傷《そんしょう》　損なわれ傷つけられること。

第三段落　教173ページ9行〜174ページ13行

筆者はトカゲの卵を見つけ、持ち帰って毎日観察した。トカゲの卵が孵化《ふか》するのを待ちきれなくなった筆者は、卵に微小な穴を開けて内部を見た。中にはトカゲの赤ちゃんが眠っていたが、外気に触れたため徐々に腐っていった。筆者は、自分が行ってしまったことが取り返しのつかないことを悟った。この体験は、筆者にとってのセンス・オブ・ワンダーであった。

10出没《しゅつぼつ》　現れたりいなくなったりすること。

12それ　住宅の外れの植え込みの陰で見つけたトカゲの卵を指す。

13何日《なんにち》待《ま》っても何事《なにごと》も起《お》きなかった　筆者は卵が孵化するのを期待して毎日観察を続けていたが、いつまでたっても孵化しなかったということ。その理由は、直後に「トカゲの卵が……要する」（173ページ13〜14行）からだと説明されている。

教174ページ

1はやっていた　ここでは、焦っていたということ。

1微小《びしょう》な　とても小さい。

7自分《じぶん》が行《おこな》ってしまったことが……悟《さと》った　卵に穴を開けて内部を見たことによって、トカゲの赤ちゃんが腐って死んでしまったことをいっている。

8 **そこに息《いき》づいていたもの**　トカゲの赤ちゃん、あるいはその命。

11 **この体験《たいけん》**　自分が卵に穴を開けて内部を見たことによって、中の赤ちゃんを死なせてしまったという体験。また、そのことから、命を元どおりにすることはできないと悟ったという体験。

11 **澱《おり》**　ここでは、心の中にたまった思いのこと。

3 「それ」とは何を指すか。

答　命を元どおりにすることはできないという体験をとおして得たセンス・オブ・ワンダー。

13 **諦観《ていかん》**　ここでは、諦めの思い。

第四段落　**教**174ページ14行〜175ページ11行

生命という名の動的な平衡は、常に危ういまでのバランスをとりつつ、同時に時間軸の上を一方向にたどりながら折りたたまれている。それは決して逆戻りのできない営みであり、常にすでに完成された仕組みであって、これを乱すような操作的な介入を行えば、動的平衡は取り返しのつかないダメージを受ける。私たちは、自然の流れの前に跪《ひざまず》く以外に、そして生命のありようをただ記述すること以外に、なすすべはないのである。

課題

課題A

1 「生命という名の動的な平衡」(174・14)とはどういうことか、整理してみよう。

15 **時間軸《じかんじく》の上《うえ》を……折《お》りたたまれている**　時間が進むのに従い、折り重なっている。つまり、「逆戻りのできない営み」(175ページ1行)である。

教175ページ

1 **謂《い》い**　いわれ。意味。

1 **それ**　「それ自体、……折りたたまれている」(174ページ14〜15行)という動的な平衡のこと。

5 **操作《そうさ》を一時的《いちじてき》に吸収《きゅうしゅう》した**　操作的な介入をしても平衡状態を保っているように見えるのは、少しの間その操作を取り込んだだけだ(実は操作によってダメージを受けている)ということ。

5 **そこ**　操作的介入が行われた部位。

6 **一回限《いっかいかぎ》りの折《お》り紙《がみ》**　「決して逆戻りのできない営み」(175ページ1行)に同じ。

7 **岐路《きろ》**　ここでは、分かれ道のこと。

9 **跪《ひざまず》く**　床などに膝をつく。敬意を表す動作。

10 **＊なすすべ**　行うことのできる手立て。

11 **自明《じめい》**　証明するまでもなく明らかであること。

考え方　「それ自体、……折りたたまれている」(174ページ14〜15行)、「それは決して……仕組みなのである」(175ページ1〜2行)、「動的な仕組みが滑らかで、やわらかい」(175ページ4〜5行)、「生命と環境との……折り紙である」（175ページ6〜7行）などの説明から、「動的な平衡」の意味を読み取って整理する。

解答例　見た目には大きな変化がないように見えても、互いに危ういバランスの中に成り立っている、一方向の時間軸の上に存在する生命の営みのこと。

2　**「これを乱すような操作的な介入を行えば、……ダメージを受ける。」（175・3）とあるが、「操作的な介入」にあたる体験を本文から抜き出して、整理してみよう。**

考え方　「操作的な介入」は、動的平衡に取り返しのつかないダメージを与えるものである。本文では、生物の生命にまつわるものとして、「貯水池のオタマジャクシについて」、「アオスジアゲハのサナギについて」、「トカゲの卵について」という三つの筆者の体験が述べられていた。このうち、「操作的な介入」にあたるものはどれかを考える。

解答例　・アオスジアゲハのサナギを虫かごに入れて保管し、そのまま忘れてしまったこと。
・トカゲの卵に穴を開けて、内部を見たこと。

課題B

1　**私たちの社会で「操作的な介入」にあたる事例を調べ、発表し合ってみよう。**

考え方　「操作的な介入」とは、課題Aの2でも見たように、動的平衡に取り返しのつかないダメージを与えるものである。「異なる岐路へ導」（175ページ7行）くという表現も本文では用いられている。自然の例であれば、環境汚染はいずれも人間の営みによってもたらされたものであると言えるし、生物の例であれば、絶滅危惧種と呼ばれる動物などは人間による乱獲などが原因といわれている。本文の内容をふまえて、人間の「操作的な介入」によって自然や生物に影響が出た例を調べ、まとめるとよい。

語句

次の漢字を使った熟語を調べてみよう。

衡
衡

解答例　均衡　衝動

▼漢字を書いて確認しよう　重要漢字

①話がチュウトハンパなところで終わる。（　　）
②海底に沈む船のザンガイ。（　　）
③疲れてジョジョに手足が重くなる。（　　）
④成魚になると姿がヘンボウする魚。（　　）
⑤物語がシュウバンを迎える。（　　）
⑥昔を思い出しカンショウに浸る。（　　）
⑦かばんの中身を整理してスキマをつくる。（　　）
⑧月のタンサに向かうロケット。（　　）
⑨ツタが木の枝にカラむ。（　　）
⑩クッキーが入ったダエン形の箱。（　　）
⑪人生に対してテイカンをもつ。（　　）
⑫ヘイコウ感覚を鍛える運動を行う。（　　）

答　①中途半端　②残骸　③徐々　④変貌　⑤終盤　⑥感傷　⑦隙間　⑧探査　⑨絡　⑩楕円　⑪諦観　⑫平衡

ヒトゲノムの意義

科学技術会議生命倫理委員会

教科書P.177～180

●教材のねらい

・ヒトゲノムの意義を読み取り、生命倫理とは何かを考える。
・人にとってのゲノムの意味について考える。

●要旨

ヒトゲノム研究に携わる研究者や医師などの関係者が遵守すべき倫理規範として、科学技術会議生命倫理委員会によって策定された「ヒトゲノム研究に関する基本原則」の原則第一（ヒトゲノムの意義）を掲載している。第一・二項は、ヒトゲノムのもつ意味を示す。第一項のヒトゲノムが「人類の遺産（heritage）」であるというのは、ヒトゲノムが「人類が代々受け継いできた大切なもの」であり、そのことによって人間が人間として存在する、ということを象徴的に示し、第二項にある「生命の設計図」は、人間がヒトゲノムのもつ情報に基づいてその生命体を構成していることを示している。第三項は、遺伝子決定論を排除する意味があり、第四項では、環境の影響によって遺伝子の発現が異なることを示している。これらは原則第二と併せて、一般の人々にヒトゲノムについての正しい理解を求める意味がある。

●段落

一行アキで二つの大段落に分かれている。

一 教p.177・1～p.179・2 ヒトゲノムのもつ意味
二 教p.179・3～13 ヒトゲノムについての正しい理解

段落ごとの大意と語句の解説

第一段落 教177ページ1行～179ページ2行

原則第一（ヒトゲノムの意義）の第一・二項は、ヒトゲノムのもつ意味を示している。ヒトゲノムが「人類の遺産（heritage）」である、という表現は、ヒトゲノムがその生物的進化の上で「人類が代々受け継いできた大切なもの」であり、そのことによって人間が人間として存在する、ということを象徴的に示している。それぞれの人が、各自のゲノムをもっていると同時に、人類（ヒト）は全体としてヒトのゲノムをもっていることになるが、人類のゲノムであり、ゲノムは人類の共同財産であるからという理由で、研究材料の提供を強いられることはなく、各個人のゲノムは試料提供に際して同意が不可欠である。「生命の設計図」は、人間がヒトゲノムのもつ情報に基づいてその生命体を構成していること、つまり、一人一人の人が独自性をもつ唯一の存在であって、互いに異なっており、多様性をもっていることを示している。

教177ページ

2遵守《じゅんしゅ》　法律や道徳を守ること。「順守」とも書く。

2倫理規範《りんりきはん》　人として行うべき道としての手本。

3策定《さくてい》　政策などを決めること。

6人《ひと》の生命《せいめい》の設計図《せっけいず》　「人間がヒトゲノムのもつ……構成していること」（178ページ15～16行）を表す。このことから、「一人一人の人が……多様性をもっている」（179ページ1～2行）ことになるということも述べられている。

「設計図」＝建造物などの形状や構造などについて、決まりに従って記した図。

9「世界遺産《せかいいさん》」　世界遺産条約に基づき、人類が受け継いでいくべきものとして世界遺産委員会に登録された人類共通の遺産。文化遺産、自然遺産、複合遺産の三種類がある。日本では主なものとして、二〇一一年に自然遺産として小笠原諸島が、二〇一三年に文化遺産として富士山が登録されている。

教178ページ

1生物的進化《せいぶつてきしんか》　生命現象について研究する見地から見た場合の進化。

1そのこと　ヒトゲノムが、その生物的進化の上で「人類が代々受け継いできた大切なもの」（178ページ1行）であること。

2象徴的《しょうちょうてき》　物事を理解しやすく示すさま。

3所有権的意味《しょゆうけんてきいみ》　ゲノムを人類が共同して所有する「物＝財産」ととらえること。

「所有権」＝物事を自由に利用することができる権利。

4そうした人間《にんげん》たることの生物学的基礎《せいぶつがくてききそ》を……許《ゆる》されない　ヒトゲノムを軽んじるような研究や応用について、ヒトゲノムを「物＝財産」（178ページ3行）のように、軽々しく扱うべきではないという考えがうかがえる。

「そうした……基礎」＝ヒトゲノムが、その生物的進化の上で「人類が代々受け継いできた大切なもの」（178ページ1行）であり、そのことによって人間が人間として存在するということ。

＊「ないがしろ」＝ここでは、軽んじること。

6その意味《いみ》で　それぞれの人が、各自のゲノムをもっているのと同時に、人類（ヒト）は全体としてのゲノムをもっているという意味で。

7解析《かいせき》　物事の要素についての調査をとおして、その物事の本質を明らかにすること。

10試料《しりょう》　検査などに用いる材料。

11不可欠《ふかけつ》　欠くことができないこと。必要なこと。

11「財産《ざいさん》」という……ここに理由《りゆう》がある　ヒトゲノムが「人類の遺産（heritage）」である、という表現は、「ゲノムを……『物＝財産』である、という所有権的意味」（178ページ2～3行）を示すものではないという説明を受けている。ヒトゲノムは、「それぞれの人が……もっていることになる」（178ページ5～6行）が、「各個人のゲノムは……同意が不可欠」（178ページ10～11行）であり、「人類のゲノムであるから……強いられることはない」（178ページ8～10行）ということから、「財産」という言葉を使わなかったということである。

教179ページ

1 **独自性《どくじせい》**　それ一つであること。個人が独自のゲノムをもち、それぞれの設計図をもっていることから導かれること。「それぞれが唯一の存在であって……多様性をもっている」(179ページ1～2行)ことも同様である。

第二段落　教179ページ3～13行

第三項は、それぞれの人の姿、形や性格、生死まで全てがゲノムで決まってしまうとする、遺伝子決定論を排除するためのものである。ヒトゲノムは、人の生物学的な基本的設計図であり、それぞれの人の個性や多様性を示すものである。遺伝子は、第四項に示すように、環境の影響でその発現が異なるものであり、ゲノムのみがその人を決定づけているのではない。第三・四項は、原則第二と併せて、一般の人々にヒトゲノムについての正しい理解を求める意味がある。

5 **人《ひと》としての基本的構造《きほんてきこうぞう》および機能《きのう》を形作《かたちづく》る**　第二項の「ヒトゲノムは、人の生命の設計図であり」(177ページ6行)と同じ意味を表す。

5 **発現《はつげん》**　現れ出ること。

8 **排除《はいじょ》**　取り除いてそこからなくすこと。

8 **人《ひと》の生物学的《せいぶつがくてき》な基本的設計図《きほんてきせっけいず》**　「人の生命の設計図」(177ページ6行)と同じ意味を表す。

12 **ヒトゲノムについての正《ただ》しい理解《りかい》**　第三・四項は、「遺伝子決定論」(179ページ8行)が誤りであることを説明している。

課題

課題A

1 **第一項「ヒトゲノムは、人類の遺産である。」(177・5)とあるが、この原則で「財産」ではなく「遺産」という言葉が用いられたのはなぜか。説明してみよう。**

考え方　ヒトゲノムを「人類の遺産」と表現することについては、「ヒトゲノムは、その生物的進化の上で……ということを象徴的に示している」(177ページ9行～178ページ2行)と説明されている。さらに、このことについて、「ゲノムを人類が共同して所有している……所有権的意味を指し示すのではない」(178ページ2～3行)という補足がなされている。「それぞれの人が、各自の……もっていることになる」(178ページ5～6行)が、「各個人のゲノムは……同意が不可欠」(178ページ10～11行)であることから、「人類のゲノムであるからという理由で……強いられることはない」(178ページ8～10行)。このような事情から、「『財産』という言葉を避けた」(178ページ11行)と述べられている。以上の部分から、「財産」と「遺産」の意味の違いを読み取り、ヒトゲノムを表現するのに「遺産」という言葉が用いられた理由をまとめるとよい。

解答例　ヒトゲノムは、その生物的進化の上で「人類が代々受け継いできた大切なもの」であり、そのことによって人間が人間として存在する、ということを象徴的に示すために、第一項では「遺産」

という言葉が用いられている。しかし、それぞれの人が、各自のゲノムをもっていると同時に、人類(ヒト)は全体としてヒトのゲノムをもっていることになり、人類のゲノムであるからという理由で、またはゲノムは人類がもっている共同財産であるからという理由で、各個人の同意を抜きにして研究材料の提供を強いられることはないということを示すために、「財産」という言葉は避けられることになった。

2　**「人はゲノムのみによって存在が決定されるものではない」(179・3)とあるが、生命倫理委員会が原則第一にあえてこのような項を設けた理由は何か、説明してみよう。**

考え方　第三項の文言である。第三項については、「それぞれの人の姿、……いわゆる遺伝子決定論を排除するためのものである」(179ページ7〜8行)と説明されている。そして、「人は……決定されるものではない」と述べる根拠は、ヒトゲノムによる「それぞれの人の個性や多様性」(179ページ9〜10行)の発現が、環境によって異なるという第四項から読み取ることができる。また、「一般の人々に……意味がある」(179ページ12〜13行)とあることに注目するとよい。

解答例　「人はゲノムのみによって存在が決定されるものではない」ということを生命倫理委員会が原則第一に掲げたのは、一般の人々にヒトゲノムについての正しい理解を求めるためであり、ヒトゲノムは、環境の影響によってもその発現が異なるということから、全てがゲノムで決まってしまうとする、遺伝子決定論を排除するためである。

課題B

1　**生命倫理とは何か、生命倫理をめぐる問題にはどのようなものがあるか。図書館やインターネットを利用して調べ、発表してみよう。**

考え方　「生命倫理」とは、辞書的な意味としては、人間の生命や生存について、倫理的な観点から考えることである。ここには、科学や医療などに関わる安全性や規制についての問題も含まれている。例えば、遺伝子組み換え作物をめぐる問題や、クローン技術の人間への適用をめぐる問題、尊厳死・安楽死の問題、妊娠・出産に関する問題など、生命に関して、科学の発展によって可能になった技術があり、私たちはそれをどのように用いるべきなのかについて考えさせるような問題が、近年、話題に上ることも多い。関心をもった問題について調べ、わかったことや考えたことを整理して発表しよう。

語句

次の漢字を使った熟語を調べてみよう。

遺

解答例　遺　遺棄・遺書　先遺・派遣

▼漢字を書いて確認しよう　重要漢字

① 陰謀によって敵をハイジョする。（　　）

答　①排除

命は誰のものなのか

柳澤《やなぎさわ》桂子《けいこ》

教科書P.181〜185

●教材のねらい

・具体例としてあげられた事件の経緯と結果を整理する。
・「私」の経験と、その時の気持ちの推移を捉える。
・「命の尊さ」についての筆者の主張を理解し、自分の考えをまとめる。

●要旨

今日の医療現場では、患者や家族の意思が尊重される機運があり、「安楽死法」を制定した国もある。だが、自分で自分の死を決めることには疑問が残る。一人の人の命は多くの人の心の中に分配されて存在しており、また、四十億年もの間ＤＮＡが複製され続けて生まれてきたものだからだ。今後終末期医療の問題は複雑になるだろうが、さまざまな考え方に耳を傾ける環境が整うことを願う。

●段落

一行アキで二つの段落に分かれているが、内容から次の七つの段落に分けることができる。

一　教p.181・1〜10　『僕に死ぬ権利をください』
二　教p.182・1〜12　筆者の経験
三　教p.182・13〜p.183・1　医学の発達で複雑になった死
四　教p.183・2〜10　カレン・アン・クインラン事件
五　教p.183・11〜15　「安楽死法」とその条件
六　教p.184・1〜7　命が尊いゆえん
七　教p.184・8〜14　今後の終末期医療に願うこと

段落ごとの大意と語句の解説

第一段落　教181ページ1〜10行

交通事故に遭ったヴァンサン・アンベールは、母親の看病で奇跡的に意識を取り戻したが、自ら非常に惨めであると感じた。彼は死を願い、母もそれを受け入れ、実行した。この事件にフランスの人々は衝撃を受け、母親は自殺幇助《ほうじょ》の罪に問われた。

教181ページ

9 **鎮痛剤《ちんつうざい》**　痛みを抑える薬。決められた用法・用量、処方の仕方を誤ると死に至る場合もある。

10 **自殺幇助《じさつほうじょ》**　人の自殺を助けること。

＊「幇助」＝助力すること。

第二段落　教182ページ1〜12行

私もこれ以上生きられないという苦しみを味わったことがある。中心静脈栄養という方法で栄養を補ったが、それは過剰医療だと思え、点滴を抜いてほしいと主治医と家族に頼んだ。しかし、家族の愛情の深さを認識し、また、点滴を止めた医師は罪悪感にさいなまれるにちがいなく、申し訳なく思った。この時は偶然、精神科医に処方された抗鬱剤で、苦しみから救われた。

教182ページ

2 **＊七転八倒《しちてんばっとう》**　苦痛のあまり、転げまわって苦しむこと。「しちてんはっとう」「しってんばっとう」とも読む。

4 **過剰《かじょう》医療《いりょう》**　適切な量や費用を超えた医療。

9 **罪悪感《ざいあくかん》にさいなまれる**　罪の意識に苦しみ悩まされる。

＊「さいなむ」＝苦しめ悩ます。責め苦しめる。

12 **処方《しょほう》**　医師が病気に応じて薬の配合や使用を指示すること。

第三段落　教182ページ13行〜183ページ1行

医学が今日のように発達していなかった時、死の問題はこれほど複雑ではなかった。重い脳梗塞《のうこうそく》の人が人工呼吸器を着け、植物状態になることがあるが、一昔前は、静かに呼吸が止まり、患者は家族や医師に見守られて死ぬことができた。

15 **植物状態《しょくぶつじょうたい》**　大脳の傷害により、意識や運動能力はないが、呼吸器や循環器の機能は保たれている状態が三か月以上続くこと。人工栄養補給その他の医療行為がないと生きることはできず、時には、次の文の「呼吸の止まった人」のように、人工呼吸器による呼吸の補助も必要な場合がある。

第四段落　教183ページ2〜10行

一九七六年のカレン・アン・クインラン事件をきっかけに、患者や家族の意思が尊重される機運が生まれた。回復の見込みのないカレンの人工呼吸器を外すことを両親が病院側に要求、拒否されたため訴えを起こし、勝訴したのである。この判決の基本原理は、患者や家族の意思を守ることにあり、医師の行為を弁護士が指示するという画期的な先例となった。

教183ページ

2 **＊機運《きうん》**　あることを行うのによい状態。時の巡り合わせ。

9 **医師《いし》の行為《こうい》を……画期的《かっきてき》な先例《せんれい》となった**　前の文に「患者側の意思を……裁判官であるということになった」とあるが、実際に医師の行為に指示を出したのは、（患者側の意思を実現するための）弁護士であったのである。この判決以後、終末期医療における行為には、患者側の意思が尊重されるようになった。

「画期的」＝今までにないことをして、その分野で新しい時代を開く様子。

第五段落　教183ページ11〜15行

オランダやアメリカのオレゴン州には「安楽死法」があり、ある条件を満たせば、医師に死に至る薬の処方箋を書いてもらえる。だが、条件を満たせない人は、苦しみ続けなければならないのだろうか。

11 **安楽死《あんらくし》**　死期の近い患者を、精神的・身体的苦痛から解放して安楽に死なせること。近年は、薬剤投与などによる積極的安楽死と、延命治療を行わないなどの消極的安楽死に区別されるようになった。

12 **処方箋《しょほうせん》**　医師が患者の病状に応じて、投与する薬とその服薬法を指示した文書。

❶ 「これ」とはどのようなことか。

答 死に至る薬の処方箋を書いてもらうためには、患者に死期が迫っていること、激しい苦痛がある状態であること、という条件がついていること。

教184ページ

第六段落 教184ページ1〜7行

人が自分で自分の死を決めることには疑問がある。一人の人の命は多くの人々の心の中に分配されて存在しており、また、四十億年の間、DNAが複製され続けて生まれたものだからだ。これらが命の尊いゆえんであろう。

② 「それ」とはどのようなことか。

答 命はその人個人のものであり、自分で自分の死を決めてよいということ。

2 **一人《ひとり》の人《ひと》の命《いのち》は……存在《そんざい》している** 多くの人々の心の中に、その人が今生きているという認識、生き続けてほしいという願いがある、ということ。

3 **分配《ぶんぱい》された……人《ひと》のものである** その人に生きてほしいという願いは、人々が自由にもつことのできる思いであり、奪うことができないものである、ということ。

5 **四十億年《よんじゅうおくねん》** 地球上に生物が現れてから現在までの年数。

6 ***絶《ぜっ》する** ここでは、超えるという意味。

7 **ゆえん** いわれ。理由。

第七段落 教184ページ8〜14行

日本では、治療の存続は患者自らが決めるという考え方が大きくなりつつあるが、いろいろな意見があってしかるべきであろう。死に対する感情、死の文化は、国や地域によって違うため、よその国の法律をもってくるべきではない。終末期医療について、さまざまな意見に耳を傾ける環境が整うことを願う。

10 **死《し》の文化《ぶんか》** その国や地域での慣習、道徳、宗教、常識などの中にある、死についての考え方や対処の仕方。

③ 「よその国の法律をそのままもってくるべきではない」のはなぜか。

答 その国の人々の脳のモジュールには、長い歴史によって、その国の人々の感情が記されており、死に対する感情、死の文化も国や地域によって大きく違うはずだから。

12 **終末期医療《しゅうまつきいりょう》** 不治の病と診断され、死期が迫っている患者に対して行う医療。終末医療。

*「終末期」＝ここでは、人生の最後の時期、の意。

課題

課題A

1 「この事件にフランスの人々は衝撃を受けた。」(181・10)とあるが、どのような点に衝撃を受けたのか、考えてみよう。

解答例 交通事故に遭ったヴァンサンは、母親の看病で奇跡的に意識を取り戻したが、自分の状態を非常に惨めと感じて死を願い、母親に頼み、母親もそれを聞き入れて死に至らしめた、という点。

2 「カレン・アン・クインラン事件」(183・3)とはどのような事件か。本文の記述を要約してみよう。

解答例 一九七六年、昏睡《こんすい》状態が数か月続いて回復の見込みがないとされたカレンの両親が、人工呼吸器を外すことを病院側に要求したが、拒否されたため訴えを起こし、勝訴した事件。これをきっかけに、患者や家族の意思が尊重される機運が生まれた。

3 筆者は「命が尊いゆえん」(184・7)をどのように考えているか。筆者の経験をふまえてまとめてみよう。

解答例 筆者は病で苦しんでいる時、治療の中止(死)を主治医と家族に頼んだことがあったが、家族の驚きを見て、家族の愛情の深さを認識し、また、殺人を犯したような罪悪感にさいなまれるに違いない医師にも申し訳なく思った。このように、一人の人の命は多くの人々の心の中に分配されて存在しており、その人だけ(自分だけ)のものではない。また、「私」という存在(命)は、四十億年の間、とぎれることなくDNAが複製され続けて生まれたという歴史をもっている。この二つのことが、「命が尊いゆえん」である。

課題B

1 本文をふまえて、「命の尊さ」について、自分の考えたことを発表し合ってみよう。

考え方 筆者は、命はその人(自分)だけのものではなく、多くの人々の心の中に分配されて存在しており、また、「私」の命は四十億年の歴史につながっているという。この筆者の考えをふまえて、自分の考えをまとめてみよう。

語句

① 次の漢字を使った熟語を調べてみよう。

複　復　腹

② 「七転八倒」のように数字を用いた四字熟語にどのようなものがあるか、調べてみよう。

解答例 ① 複数　往復　空腹

② 一石二鳥・二人三脚・三寒四温

漢字を書いて確認しよう　重要漢字

① 中学生中心のチームにミジめに敗北する。（　）
② この薬には、強いチンツウ作用がある。（　）
③ 事件の内容にショウゲキを受ける。（　）
④ カジョウな支援を受ける。（　）
⑤ けがの痛みにタえる。（　）
⑥ 彼の強引なやり方にはテイコウを感じる。（　）
⑦ 母の小言をガマンして聞く。（　）
⑧ 医師の指示どおりコウウツ剤を服用する。（　）
⑨ 祖父が軽いノウコウソクで入院した。（　）
⑩ 油断して、敵の術中にオチイる。（　）
⑪ 彼の発明はカッキテキなものだった。（　）
⑫ 主治医に感冒薬のショホウセンを書いてもらう。（　）
⑬ 大会新記録にもセマる勢い。（　）

答 ①惨　②鎮痛　③衝撃　④過剰　⑤耐　⑥抵抗　⑦我慢　⑧抗鬱　⑨脳梗塞　⑩陥　⑪画期的　⑫処方箋　⑬迫

学びを広げる　小論文を書いてみよう

教科書P.186〜187

語句の解説

教186ページ

上15 **マッピング**　ここでは、ある項目から別の項目を関連付けること。

図● **iPS細胞《さいぼう》**　万能細胞の一種。増殖して核細胞に分化することができる。山中伸弥《やまなかしんや》が二〇〇六年に作製に成功した。

図● **再生医療《さいせいいりょう》**　失われた細胞や器官を再生する医療。

図● **出生前診断《しゅっせいぜんしんだん》**　母親の胎内の胎児に異常がないかを調べること。

図● **終末期医療《しゅうまつきいりょう》**　病気が不治であると判断された患者に対して、治療よりも、心身の苦痛を取り去ることを優先する医療。

教187ページ

上3 **既知《きち》**　すでに知っていること。

上10 **うのみ**　ここでは、物事をよく理解することなく受け入れてしまうこと。

下3 **ES細胞《さいぼう》**　万能細胞の一種。受精卵が必要になるため、生命倫理上、賛否がある。

下4 **体性幹細胞《たいせいかんさいぼう》**　生体の組織に存在する幹細胞。幹細胞とは、臓器などの再生や維持において、細胞を供給するものである。

下5 **臨床研究《りんしょうけんきゅう》**　医療手段の有効性などを確かめるために行う研究。

下11 **コンセンサス**　複数の人の合意を得ること。

課題　「生命」をめぐる問題について自分の考えを八〇〇字程度の文章にまとめてみよう。

考え方　「生命」というテーマについて考えを述べる、テーマ型小論文を書く課題である。186ページのマッピングの例を参考にして、問題を絞り込み、序論（問題提起）・本論（考察・分析）・結論（主張）という三段落構成の構想メモを作成する。それをふくらませて指定字数内でまとめよう。

186ページのマップで取りあげられている問題について、考えられる視点や課題などを以下にあげるので、参考にするとよい。

・遺伝子組み換え作物

作物の生産性や栄養価を高める目的で行われている。反対する意見の根拠としては、生態系への影響や安全性などがある。農林水産省などのサイトで、遺伝子組み換え作物をめぐる国内外の現状などについてまとめられている。

・輸血拒否

宗教や医療上の主張によって行われている。意志に反して輸血を施された患者が、訴訟を起こした事例もある。生命を尊重する立場から、これに反対する意見がある。ガイドラインを設けている病院も存在する。

・安楽死

不治の傷病者の死期を早める。国によって判断が異なり、日本では安楽死について定めた法律がなく違法の扱いであるため、海外に行って実行する事例もある。生活の質が著しく下がることを理由に、合法化を求める声もある。

十　多文化共生社会と「私」

対談　「国際貢献」ではなく「国際協力」である

緒方貞子《おがたさだこ》
池上彰《いけがみあきら》

教科書P.190〜197

教材のねらい

・対談という表現形式の特徴を捉え、発言の内容と意図を読み取る。
・「国際貢献」と「国際協力」の違いについて読み取る。

要旨

国連難民高等弁務官（ＵＮＨＣＲ）や国際協力機構（ＪＩＣＡ）での経験について、池上が緒方に尋ねる形で、途上国支援に関する意見を交わし合っている。難民救助においては、国際機関同士の役割分担と業務のバトンタッチの面にある課題、インフラ整備においては、援助される側の特徴に配慮することが語られている。そして、「どうして援助するのか」という声に対する答えとして、緒方は「グローバル化を避けては通れない」と述べ、グローバル化によって企業や市民社会が国籍を超えた存在となっている現代、先進国から途上国への援助は、一方的な「貢献」ではなく、「協力」であるとしている。

段落

会話の内容によって、三つの段落に分ける。

一　教p.190・1〜p.192・15　国際機関同士の連携の大切さ
二　教p.192・16〜p.194・7　今の国際援助の課題
三　教p.194・8〜p.196・6　グローバル化と国際援助

段落ごとの大意と語句の解説

第一段落　教190ページ1行〜192ページ15行

緒方がかつて国連難民高等弁務官（ＵＮＨＣＲ）で働き、今は国際協力機構（ＪＩＣＡ）の理事長を務めていることから、池上は、途上国支援に対する緒方の仕事が一貫してつながっていることを指摘する。緒方は、二つの仕事を本当につなぐには、時として職域を飛び越えることがあると述べ、ルワンダ大虐殺の例をあげる。ＵＮＨＣＲでは、難民を母国に帰還して定住させるまでが仕事であったが、帰還後の生活に対する援助が行われず、ＵＮＨＣＲが直接援助活動を続けた。これは越権行為だという指摘を受け、国際機関同士の役割分担と業務のバトンタッチの大切さに自覚的になったという。

教190ページ
2 **理事長《りじちょう》** 組織の運営に関わる物事を管理する役目の長。
4 **途上国《とじょうこく》** 開発途上国。経済成長の途上にある国。
4 **一貫《いっかん》して** 最初から最後までずっと。
10 **自分《じぶん》の職域《しょくいき》を飛《と》び越《こ》えなければならないこと** 具体的には、直後からのルワンダの難民問題に関する出来事を指す。
「職域」＝受け持つ仕事の領域。

教191ページ
1 **大虐殺《だいぎゃくさつ》を機《き》に** 大虐殺が起こったことをきっかけとして。
「虐殺」＝むごい方法を用いて殺すこと。
*「……を機に」＝……をきっかけとして。
6 **帰還《きかん》** 遠方から故郷などに戻ること。
6 **定住《ていじゅう》** 一つの場所に家を構え、住み着くこと。
7 **開発援助《かいはつえんじょ》** 途上国に対する援助を指す。
7 **国際機関《こくさいきかん》** ある目的のもとに、国境を越えて設立された機関。

教192ページ
3 **体制《たいせい》** ここでは、各部分が統一的に組織されて全体を形成している状態。
6 **越権行為《えっけんこうい》** 自分の権限を超えた行為。具体的には、UNHCRの職務からは外れている援助を指す。
7 **UNHCRの本来《ほんらい》の役割《やくわり》** 「争乱から逃れて……定住させるまで」（191ページ5～6行）の保護。
8 **批判《ひはん》** 誤りや欠点を指摘すること。ここでは、ルワンダの難民に対して、UNHCRとしての仕事からは外れていることを行い、「越権行為ではないかという指摘」（192ページ6行）を受けたことを指す。
8 **覚悟《かくご》の上《うえ》** どのような不利益がもたらされるかわかっていながら、あえてそれを行うこと。
13 **バトンタッチ** ここでは、仕事などを引き継ぐこと。
14 **領域《りょういき》** 規定や作用が及ぶ範囲。あるいは、その物事が関わる範囲。
14 **機動力《きどうりょく》** 状況に応じてすばやく動くことができる力。

第二段落 教192ページ16行～194ページ7行

途上国の自立的発展に欠かせないさまざまな分野でのインフラ整備について、緒方は、インフラ整備は日本の国際協力のお家芸だとして、インフラを一括して提供できる組織の希少性を指摘している。また、今の国際援助の課題について、緒方は、援助の額よりも援助がどういった「成果」を生み出すかが大切だと述べ、相手国の特徴に配慮しながらの援助の必要性を説いている。援助される側と援助する側の間での共通点を見いだすことが、これからの国際協力への第一歩だとしている。

教193ページ
1 **痛感《つうかん》** 強く感じること。
4 ***お家芸《いえげい》** 最も得意とすること。ここでは、日本の国際協力がインフラ整備を得意としていることを表している。
5 **注力《ちゅうりょく》** ある物事に力を注ぐこと。
6 **一括《いっかつ》して** まとめて。

6 **世界銀行**《せかいぎんこう》　途上国に向けた融資・技術協力などを行う、国際開発金融機関。一般的には、国際復興開発銀行（ＩＢＲＤ）、国際開発協会（ＩＤＡ）を指す。

10 **機能**《きのう》**している**　その物の本来のはたらきがなされている。

12 **援助**《えんじょ》**の額**《がく》**に目**《め》**を向**《む》**けがち**　援助の額に注目することが多い。

13 **「成果**《せいか》**」**　ここでは、途上国になされた援助の結果。

教194ページ

3 **花**《はな》**の咲**《さ》**き方**《かた》**は……異**《こと》**なります**　直前で、国際協力の成果を花にたとえている。このたとえを使って、「相手国の特徴に配慮しながらの援助が必要」（194ページ4行）であることを説明している。

4 **配慮**《はいりょ》　心を配ること。

第三段落　教194ページ8行～196ページ6行

欧米型の、先進国主導で資金をつぎ込む支援の方法について、緒方は、ヨーロッパの場合、援助する国がかつての植民地であったところが少なくないことから、植民地支配で作り上げたモノカルチャー構造を前提とした支援にはある種の偏りがあったと答える。また、不況の日本がアフリカ支援を行うことに対する批判について、緒方は、日本が経済大国であること、グローバル化によって、企業や市民社会が国籍を超えた存在となって世界をつないでいることから、援助の必要性を説く。グローバル化によって共存共栄の範囲は世界的に広がっており、先進国から途上国への援助は「貢献」ではなく「協力」であると、緒方は主張している。

8 **ひたすら**　ここでは、そのことだけを行うさま。

8 **つぎ込**《こ》**む**　ここでは、人や物事に対して金品を与えること。

11 **植　民地**《しょくみんち》　ある国の新たな領土となり、その国に従属することになった国や地域。

15 **オープンな形**《かたち》　開放的な形。歴史的な関係にとらわれずに援助を行うことができるということを表現している。

「オープン」＝開放的な。

教195ページ

1 **不況**《ふきょう》　経済が停滞している状態。

対　好況

1 **＊あえぐ**　ここでは、苦しんだり悩んだりすること。

4 **＊目**《ま》**の当**《あ》**たり**　ある物事を実際に見ているさま。

①　「そのようなこと」とは、どういうことか。

答　不況であることから、アフリカの支援より先に国内の経済問題を解決するべきだということ。

5 **不景気**《ふけいき》　経済活動に活気がないこと。

対　好景気

5 **＊れっきとした**　ここでは、世間に認められているさま。

13 **施**《ほどこ》**し**　恵んだり与えたりすること。あるいは、そのもの。

14 **おごり**　ここでは、いい気になること。

15 **依存**《いそん》　他者に頼って存在したり生きたりすること。

15 **共　存**《きょうそん》　複数のものが同時に存在したり生きたりすること。

課題

課題A

1 「『貢献』ではなくて、『協力』なんですよ」(195・15)とは、どういうことか、対談の内容に即して説明してみよう。

考え方 「貢献」は、「一方的に施しを与え」(195ページ13行)るという意味で使われている。緒方の意見から、「グローバル化」の押し寄せる現代における途上国援助がどのような意味をもつのかを読み取ってまとめる。

解答例 グローバル化によって世界の国は影響しあっていることから、途上国に対する援助は一方的な施しではなく、共存共栄するための「協力」であるということ。

2 「対談」という表現形式の特徴について、具体的に指摘してみよう。

考え方 本文の対談は、池上が緒方に対して質問を行い、それに緒方が答える形をとっている。池上が、緒方の言葉の中から疑問に思うことなどを拾い出して次の話題につなげていることなどが読み取れるだろう。

解答例 「対談」は、一つのテーマについて、複数人によって意見を述べ合うという表現形式であり、出された意見やその一部について、疑問に思うことやさらに掘り下げたいと思うことを、その場で他の参加者が指摘したり取り上げたりすることができるという特徴がある。

課題B

1 次の問題について、具体例をあげて話し合ってみよう。
・私たちにできる「国際協力」
・私たちの身近にある「多文化共生」

考え方 「私たちにできる『国際協力』」については、途上国に向けた募金、途上国の農産物を適正な価格で購入するフェアトレードなど、「私たちの身近にある『多文化共生』」については、外国人との交流などが考えられる。それぞれ具体的な内容を調べて話し合う。

語句

次の漢字を使った熟語を調べてみよう。

摘 敵 適 滴

解答例 摘発 無敵 適切 水滴

▼漢字を書いて確認しよう 重要漢字

① 安全な場所にヒナンする。（ ）
② 大臣が国にキカンする。（ ）
③ 本を三冊イッカツで購入する。（ ）
④ 高齢者にハイリョして話をする。（ ）
⑤ 優勝にコウケンするプレー。（ ）
⑥ 修行僧にホドコしを行う。（ ）
⑦ 他者にイソンして生きる。（ ）

答 ①避難 ②帰還 ③一括 ④配慮 ⑤貢献 ⑥施 ⑦依存

共生社会で求められる「相対的よそ者」の視点

森千香子《もりちかこ》

教科書P.202～206

●教材のねらい

・「相対的よそ者」とは誰かを、筆者の主張から読み取る。
・「差異」が生み出す「恐怖」について考える。

●要旨

改正入管法が施行されることによって、日本で暮らす外国人数が増え、社会に変化が生じるだろう。その現実を受け入れ、どのように向き合うかが問われている。「差異」に対して「恐怖」ばかりを強調してしまうのは、社会的、文化的にそのように方向付けられているからである。このような「評価」の内面化を誰しも免れえず、レイシズムは社会の「システム」となっている。しかし、「差異」は常に相対的で、関係論的で、文脈依存的なものである。多様化する社会の中で「相対的よそ者」という見方を身につけ、実践すること、「よそ者」の経験に価値を見いだして共有することは、排外主義に対抗すると同時に、新たな創造の契機にもなる。

●段落

一行アキで二つの大段落に分かれている。

一　教 p.202・1～p.203・11　改正入管法と多様化する社会
二　教 p.203・12～p.205・8　「相対的よそ者」とは誰か

段落ごとの大意と語句の解説

第一段落　教202ページ1行～203ページ11行

改正入管法が施行されれば、日本で暮らす外国人数が増え、社会に変化が生じるだろうが、その現実を受け入れ、どのように向き合うかが問われている。バイエ・マクニールは「差異を怖く感じるのは当然」という見方を多くの日本人が無自覚に抱いていることを批判する。「差異」に対する反応として「恐怖」ばかりを強調してしまいがちなのは、社会的、文化的にそのように方向付けられているからである。差異に与えられる「評価」自体にレイシズムが根ざしており、誰しもが「自然に」そう思ってしまうことにレイシズムの根深さがある。バイエ・マクニールの主張にあるように、自分のなかのレイシズムに対して自覚的になることが、真のレイシズム克服につながる。

教202ページ

2 **施行**《しこう》　ここでは、法令の効力を発行させること。
2 **賛否両論**《さんぴりょうろん》　賛成・反対両方の意見が存在すること。
3 **運用**《うんよう》　活用すること。
3 **その現実**《げんじつ》　「日本で暮らす外国人数が……生じていく」（202ページ3行）という現実。

7 **日本《にほん》で暮《く》らす黒人《こくじん》の視点《してん》**　日本における「外国人」としての視点を意味する。

8 **差異《さい》を怖《こわ》く感《かん》じる**　違っていることが恐怖に結びつく。

9 **無自覚《むじかく》に**　自分がそうしているとは自覚することなく。

10 **「差異《さい》」に対《たい》する反応《はんのう》として……強調《きょうちょう》してしまいがち**　「差異」に対する反応は「恐怖」ばかりではないはずだが、それらの反応の中で「恐怖」だけをみなが強調する傾向にあるということ。

教203ページ

1 **そのように方向付《ほうこうづ》けられている**　「差異」に対して「恐怖」ばかりを強調してしまうように仕向けられている。

2 **構築《こうちく》**　組み立て、築き上げること。

2 **流布《るふ》**　世の中に広まること。

3 **衝動《しょうどう》**　ここでは、内部から生じる欲求のこと。

5 **根《ね》ざしている**　ここでは、定着していること。

6 **厄介《やっかい》**　ここでは、わずらわしいこと。

6 **免《まぬか》れていない**　避けることができていない。

7 **誰《だれ》しもが「自然《しぜん》に」そう思《おも》ってしまう**　「評価」が内面化されることを説明している。具体的には、「差異」に対して「恐怖」を感じることを指す。

7 **根深《ねぶか》さ**　原因などが深部にあること。

8 **残念《ざんねん》ながら**　レイシズムが社会の「システム」となっていることを、筆者が評価した言葉。

8 **システム**　ここでは、組織や制度のこと。

9 **その点《てん》で**　レイシズムが社会の「システム」となっているという点で。

9 **それ**　誰もが自分のなかにレイシズムを抱えているということ。

10 **克服《こくふく》**　困難を乗り越えること。

第二段落　教203ページ12行〜205ページ8行

「差異」を「恐れ」に結びつける考え方が、「自然の衝動」ではなく、社会的、文化的に構築されてきたものだからこそ、脱構築することは可能なはずである。「差異」は「他者」概念と結びつけられて絶対視されがちだが、実は相対的なものであり、誰でも文脈によっては「異なる者」の側に置かれる。ミシェル・アジエは、社会に定着している「よそ者＝外国人」という考え方を「歪《ゆが》められたよそ者観」とし、それに対して「相対的よそ者観」を提示して、これを理解することが、現代社会で共生を考える上で決定的に重要だと主張している。多様化する社会の中で「相対的よそ者」という見方を身につけ、実践すること、「よそ者」の経験に価値を見いだして共有することは、排外主義に対抗するだけでなく、新たな創造の契機にもなる。

13 **自明視《じめいし》**　証明しなくても明らかなものであると考えられているということ。

13 **そこ**　「差異」を「恐れ」に結びつける考え方が自明視されていること。

14 **脱却《だっきゃく》**　よくない状態から抜け出ること。

14 **容易《ようい》ではない**　やさしいことではない。

教204ページ

1 **概念《がいねん》**　物事のあらましとなる意味内容。

1 **絶対視**《ぜったいし》　それが絶対であると考えること。
2 **＊相対的**《そうたいてき》　他との関係や比較の上に成立しているさま。
対　絶対的
2 **文脈**《ぶんみゃく》　ここでは、物事の背景を指す。
3 **この視点**《してん》　誰でも文脈次第で「異なる者」の側に立つものなのだとする視点。
3 **人類学者**《じんるいがくしゃ》　人類について、生物学的、文化的な面などを含め、総合的に研究する学者。
3 **難民**《なんみん》　天災・戦争・人種・宗教・政治的意見の相違などによって、国外に出た人々。
4 **定着**《ていちゃく》　あることが浸透し、なじむこと。
5 **矮小化**《わいしょうか》　こぢんまりすること。
5 **このように**　「よそ者」概念を否定的、矮小化して捉え、「よそ者＝外国人」という考え方をしていることを指している。このような考え方を、直後で、「歪められたよそ者観」（204ページ6行）と表現している。
7 **局面**《きょくめん》　物事のその時の状況。
9 **これ**　「それぞれの局面で……やめる」（204ページ7〜9行）こと。「相対的よそ者観」の説明である。
10 **＊共生**《きょうせい》　一つの場所で複数の人が暮らすこと。
12 **好奇**《こうき》　物事に対して強い関心を抱くこと。

❶ 「そのこと」は何を指しているか。

答　帰国して自分が「目立たない」者となり、好奇の視線を浴びないことにホッとすること。

13 **違和感**《いわかん》　しっくりこない感じ。
13 **至極**《しごく》　きわめて。
14 **このような視点**《してん》　自国にいる限り「目立たない」が、他国では「異なる者」として注目されるのは当然だという視点。
15 **そこ**　「日本における外国人」をめぐる議論。
15 **カテゴリー**　似たような性質のものが含まれる範囲。
16 **＊絶対的**《ぜったいてき》　他者とは比較できない状態・存在であるさま。
対　相対的
16 **相互不浸透**《そうごふしんとう》　互いに交じり合わないこと。

教205ページ

2 **関係論的**《かんけいろんてき》　物事をその関係から捉えるさま。
2 **文脈依存的**《ぶんみゃくいそんてき》　物事を文脈（背景）に頼って捉えるさま。
2 **「差異《さい》」は他者《たしゃ》から……自分自身《じぶんじしん》の一部分《いちぶぶん》でもある**　「差異」は一般に「他者」と結びつけられているが、実は自分も文脈次第では「異なる者」となり、「差異」と結びつけられる存在だということ。
4 **それ**　新入管法のもとで日本社会に生じる変化を指す。
5 **＊多様化**《たようか》　様式や傾向が多種多様に分かれること。
6 **実践**《じっせん》**する**　理論などを実際に行うこと。
7 **対抗**《たいこう》**する**　互いに張り合うこと。
8 **契機**《けいき》　動機。きっかけ。

課題

課題A

1「このような『評価』の内面化をほとんど誰しもが免れていない」(203・6)とあるが、どういうことか。「評価」が何を指しているのかがわかるように、説明してみよう。

考え方　「このような『評価』の内面化」とは、「ある特定の……内面化される」(203ページ1〜3行)という部分の内容を指すことをふまえ、「評価」の指示内容を明らかにしてまとめる。

解答例　「外国人」などとカテゴリー化された、ある特定の「差異」に対する「恐怖」を誰もが感じているということ。

2「『相対的よそ者』という見方を身につけ、実践する」(205・6)とはどのようなことか、説明してみよう。

考え方　「相対的よそ者」についての、「それぞれの局面で、……やめる」(204ページ7〜9行)という説明を読み取って考える。

解答例　「差異」は局面的に出現し、同じ人間が場面によっては「よそ者」になるのだという見方を体得し、自分もそのような「よそ者」として振る舞うということ。

課題B

1「新たな創造の契機にもなる」(205・7)とあるが、「新たな創造」とはどのようなことか。次の言葉を手がかりに話し合ってみよう。

・「だが、それが『自然の衝動』ではなく、社会的、文化的に構築されてきたものであるからこそ、脱構築することも可能なはずである。」(203・14)

・「アジエは『よそ者＝外国人』という考え方が社会に定着しているが、これは『よそ者』概念を否定的、かつ矮小化して捉えていると批判する。」(204・4)

考え方　「よそ者＝他者」という考え方が社会に定着しているが、そのような考え方は「社会的、文化的に構築されてきたもの」であるということが、取りあげられた文章からは読み取れる。そのことを理解し、自分も「よそ者」であると考えることは、自分や他人、そして社会に対する見方を変えることだろう。その変化がどのようなものであるかを考えるとよい。

語句

次の漢字を使った熟語を調べてみよう。

施　施設・実施

旋　旋回・旋律

解答例

▼漢字を書いて確認しよう　重要漢字

① ヤッカイな問題に直面する。（　　）
② 努力して弱点をコクフクする。（　　）
③ シゴク上品な物言いをする。（　　）
④ 会社の名前がシントウする。（　　）
⑤ 人生が上向くケイキとなった。（　　）

答　①厄介　②克服　③至極　④浸透　⑤契機

グローバリゼーションの光と影

小熊英二《おぐまえいじ》

教科書P.207〜211

教材のねらい

・筆者の論理展開をふまえ、「グローバリゼーション」と「ナショナリズム」の関係について考える。
・筆者の考えを捉えるとともに、自分の視野を広げ、思考を深める。

要　旨

近年、「グローバリゼーションとナショナリズムの対立」という図式の議論があるが、両者は対立関係というより共犯関係だ。両者は、同じ現象の別側面であり、相互に高め合う補完関係にある。両者は主権の有無という点で明確な相違があるため、両者を対立させる議論は、多くの場合、「国家にしか存在しない権力」の活用や正統性をめぐって行われている。しかし、権力の問題でも、国家とグローバリゼーションは共犯関係にある。両者を対立関係で捉える議論の構図自体が不毛であり、国家とそれを超える動きが共犯関係として並存する状況を把握しなければ、現実的な議論は進まない。

段　落

この文章は双括型（結論→説明→結論）で書かれ、「説明」の部分は、内容から四つの段落（二〜五）に分けられる。

一　教 p.207・1〜2　対立関係ではなく共犯関係
二　教 p.207・3〜p.208・1　同じ現象の別側面
三　教 p.208・2〜16　相互に高め合う補完関係
四　教 p.209・1〜13　主権の有無という相違点
五　教 p.209・14〜p.210・6　権力の問題でも共犯関係
六　教 p.210・7〜11　二項を対立させる議論は不毛

段落ごとの大意と語句の解説

第一段落　教207ページ1〜2行

グローバリゼーションとナショナリズムは、対立関係というより共犯関係である。

第二段落　教207ページ3行〜208ページ1行

グローバリゼーションとナショナリズムは、同じ現象の別側面であり、交通の発達や文化の均質化が、国境内で起こる場合にはナショナリズムと呼ばれ、国境を跨《また》いで起こる場合にはグローバリゼーションと呼ばれるにすぎない。

教207ページ

4 **均質**《きんしつ》　どの部分をとっても、性質や状態が同じであること。

①　「同じ現象の別側面」とはどういうことか。

答 交通の発達などの現象が、国境内で起こる場合にはナショナリズムと呼ばれ、同じ現象が国境を跨いで起こる場合はグローバリゼーションと呼ばれるということ。

第三段落　教208ページ2～16行

グローバリゼーションとナショナリズムは、相互に高め合う補完関係にある。ナショナリズムの覚醒は、グローバルな他者接触の結果として発生するし、ナショナリズムの形成は、グローバルな模倣関係によって行われる。また国家は、しばしばグローバリゼーションを加速するし、グローバリゼーションと呼ばれる現象の多くは、国家の存在を前提として成立している。

教208ページ

2 ＊**補完**《ほかん》　足りないところを補って完全なものにすること。

② **「ナショナリズムの覚醒は、グローバルな他者接触の結果として発生する」とはどういうことか。**

答 ナショナリズムは、グローバルな他者接触を行ってはじめて意識されるものであるということ。

2 **覚醒**《かくせい》　目をさますこと。

③ **「ナショナリズムの形成は、グローバルな模倣関係によって行われる」とはどういうことか。**

答 ナショナリズムは、グローバルなナショナリズム形成政策を学び、それを模倣して形成されるということ。

11 ＊**興隆**《こうりゅう》　勢いが盛んになり栄えること。

④ **「世界が国家で分断されていなければ、多国籍企業が国境を超える動機は半減するだろう」とあるが、なぜか。**

答 多国籍企業が国境を超えるのは、国家によって設けられた段差を利用するためだから。

第四段落　教209ページ1～13行

ナショナリズムとグローバリゼーションの対立と称される現象は、権力の配置から派生した問題として存在する。「ナショナル」と「グローバル」は、主権の有無という点で明確な相違がある。そのため両者の対立という議論は、多くの場合、「国家にしか存在しない権力」の活用や正統性をめぐって行われているようだ。なかでも福祉政策を始めとした、国家の再分配機能をどう考えるかが争点になっている。

教209ページ

3 ＊**主権**《しゅけん》　国民および領土を統治する権利。

⑤ **「グローバリゼーションとナショナリズムの対立」とは具体的に何を指すか。**

答 貿易自由化、「国民文化」の保護、福祉政策を始めとした国家の再分配機能などの問題で、グローバル化を推進する立場と、国内の産業、文化などを守ろうとする立場との対立。

12 ＊**草の根**《くさのね》　一般の人々。一般大衆。

第五段落　教209ページ14行～210ページ6行

権力の問題でも、国家とグローバリゼーションは共犯関係にある。国家を動かす為政者は、グローバリゼーションの被害者が期待する国家の再分配機能を重視せず、国際競争力の強化を唱える。しかもそのグローバリゼーションへの対応は、「国際競争の勝利」というナショナリズムの名の下に進められている。

15 ＊為政者《いせいしゃ》　政治を行う人。
16 ＊潮流《ちょうりゅう》　時代の流れ。

教210ページ

⑥ **この「図式」の結果、どのような現象が起きていると考えられるか。**

答　グローバリゼーションによる格差がさらに拡大するという現象。

第六段落　教210ページ7〜11行
グローバリゼーションとナショナリズムを抽象的に対立させる議論は、その構図自体が不毛である。国家とそれを超える動きが共犯関係として並存する状況を把握しなければ、現実的な議論は進まない。

8 ＊肩《かた》入《い》れ　ひいきにすること。
9 ＊不毛《ふもう》　ここでは、なんの発展も成果も得られないこと。

課題

課題A

1 **グローバリゼーションとナショナリズムが「相互に高め合う補完関係」(208・2)にあることの例として、筆者はどのようなものをあげているか、整理してみよう。**

解答例　●蒸気船という交通技術革新によるグローバルな他者接触の結果、明治維新というナショナリズムの覚醒が起こったこと。
●西欧のナショナリズム形成政策を学ぶというグローバルな模倣関係の結果、明治政府が国旗や国歌を作り、文化財を保護することでナショナリズムを形成したこと。
●明治政府が鉄道や港湾の整備、産業の育成、教育の普及などを推進して、日本を国際経済の一部に組みこみ、グローバリゼーションを加速させたこと。
●多国籍企業が国境を超えるというグローバリゼーションと呼ばれる現象は、為替レートや平均賃金の相違、税制の優遇や環境基準の甘さなど、国家によって設けられた段差の利用を前提として成立していること。

2 **筆者は、「ナショナリズムとグローバリゼーションの対立」(209・1)という現象が存在する理由を、どのように説明しているか、まとめてみよう。**

解答例　国家には主権があるが、国家を超える権力は存在しない。この相違点に基づいて、「国家にしか存在しない権力」の活用や正統性について考えると、グローバリゼーションとナショナリズムとは別のもので、互いに対立するように見えてくるから。

3 **「グローバリゼーションの被害者は国家に期待するが、国家を動かす為政者のほうは、グローバリゼーションに対応した競争の強化を唱える」(210・3)とはどういうことか。筆者の考えをまとめてみよう。**

解答例　グローバリゼーションによる格差の拡大で被害を受けた者は、福祉政策を始めとした国家の再分配機能による救済を期待するが、為政者は、国際競争力の強化を優先しないと、再分配の原資となる国家経済そのものが拡大しないため、再分配に予算を割くよりも、国際競争に勝てるエリートと産業を育成すべきだという考えになりやすいということ。

4 **「どちらか一方に肩入れするという議論は、その構図自体が不毛」（210・8）であると筆者が考えるのはなぜか。理由をまとめてみよう。**

考え方　直前で筆者は「両者を抽象的に対立させ」と指摘し、また直後では「現実的な議論は進まない」とも述べている。「共犯関係」という筆者の基本的認識をもとにまとめる。

解答例　グローバリゼーションとナショナリズムの一方に肩入れする議論は、両者を抽象的に対立させているだけである。実際には両者は共犯関係なのであり、国家とそれを超える動きが共犯関係として並存している状況を把握しなければ、現実的な議論は進まないから。

課題B

1 **「グローバリゼーションとナショナリズムの対立」（207・1）として、議論される事例にはどのようなものがあるか。図書館やインターネットで調べ、話し合ってみよう。**

考え方　例えば、貿易自由化に関しては、関税を撤廃して自由貿易を推進しようとするグローバリゼーションの方向と、輸入制限などで国内産業を保護しようとするナショナリズムの方向とがある。その「光と影」が、両者の立場の良い面／悪い面と考えればよい。ファッションや音楽など、世界中に広まったグローバルな文化などについても、積極的に取り入れようとする立場と、伝統的な日本の文化を守ろうとする立場の両方があり、それぞれに良い面／悪い面が考えられるはずだ。

語句

次の語句の意味を調べてみよう。

①普及　不急　不朽　不休　②体制　態勢　体勢　大勢

解答例　①普及＝行き渡ること。不急＝急がないこと。不朽＝朽ちないこと。不休＝休まないこと。
②体制＝組織の構成。態勢＝物事に対する構え。体勢＝体の構え。大勢＝おおよそのありさま。

漢字を書いて確認しよう　重要漢字

①キバンとなる土台を作る。（　）
②眠っていた能力がカクセイする。（　）
③単なるモホウ作で独創性が乏しい。（　）
④若者の活動から新しい文化がコウリュウする。（　）
⑤お年寄りをユウグウする。（　）
⑥テンケイ的な間違いのパターン。（　）
⑦我が身の不幸をナゲく。（　）
⑧社会的弱者の権利をヨウゴする。（　）
⑨新しい勢力がタイトウする。（　）
⑩イセイシャの横暴を議会がチェックする。（　）
⑪内容の見直しに時間をサく。（　）

答　①基盤　②覚醒　③模倣　④興隆　⑤優遇　⑥典型　⑦嘆　⑧擁護　⑨台頭　⑩為政者　⑪割

学びを広げる　ポスターセッションで発表しよう

教科書P.212〜213

語句の解説

教212ページ

上3 **掲示《けいじ》** 伝達したい内容を紙に記すなどして掲げ示すこと。

上5 **質疑応答《しつぎおうとう》** 話し合いなどの場における、質問とそれに対する答え。

上6 **前者《ぜんしゃ》** 「発表者による五分程度の説明のあとで質疑応答を行う形式」(212ページ上4〜5行)を指す。もう一つは、「質疑応答だけを行う形式」(212ページ上5行)。

上8 **題目《だいもく》** ここでは、タイトル、テーマのこと。

上8 **検討《けんとう》** よく調べたり考えたりすること。

上15 **ブース** 間仕切りを施した場所。

下2 **背景《はいけい》** ここでは、物事の後ろにある事情。

下6 **考察《こうさつ》** 物事を明らかにするために、調べたり考えたりすること。

下6 **分析《ぶんせき》** 物事について、要素・成分に分け、どのような構成になっているかを明らかにすること。

下12 **象徴《しょうちょう》** 抽象的な物事を、具体的なものによってわかりやすく示すこと。シンボル。

課題

「多文化共生社会の実現に向けて」というテーマでポスターセッションをしてみよう。

考え方 212ページにある「ポスターセッションの進め方」や「ポスター作りのポイント」に書かれている内容をおさえておくこと。「共生社会で求められる『相対的よそ者』の視点」でも読んだように、「改正入管法」などの影響もあり、近年、日本国内に外国人が定住する例も増え、多国籍化が進んでいる。東日本大震災などでは、日本に住む外国人たちのための情報ツールが乏しいなどの問題も生じた。

「多文化共生社会」の実現を目指す際の課題として掲げられることが多いのは、「外国人労働者の労働環境」「外国人児童・生徒の教育」などである。それぞれの地域の実情と照らし合わせて、「多文化共生社会の実現に向けて」どのようなことができるのかを考え、ポスターを作成してみよう。なお、「実現」することが可能であることが重要であり、内容や取り組みが抽象的すぎたりして、実現不可能なものにならないように気をつける。

213ページのポスターの例を参考にするとよい。このポスターでは、「1．○○市の外国人住民の現状」として、「国籍別住民数」と「外国人住民数の推移」を表で示している。また、「2．○○市の多文化共生社会の実現に向けての課題」では、アンケート調査の結果を掲載している。この1・2が序論に相当する。分析・考察を示す本論では、「3．多言語での対応と『やさしい日本語』」として、行政サービスや取り組みの例をあげているが、これは、2のアンケート結果をふまえたものとなっている。そして、結論に当たる「4．『やさしい日本語』で交流しよう」では、実践に向けて具体的な提案を行っている。